U0898583

世界青年说：TK11带你环游世界

图书在版编目（CIP）数据

世界青年说：TK11 带你环游世界 /《世界青年说》节目组主编. -- 北京：新世界出版社，2016.10
ISBN 978-7-5104-5887-3

Ⅰ. ①世… Ⅱ. ①世… Ⅲ. ①文化 - 世界 - 青年读物
Ⅳ. ① G11-49

中国版本图书馆 CIP 数据核字 (2016) 第 168399 号

世界青年说：TK11 带你环游世界

作　　者：《世界青年说》节目组
责任编辑：董晶晶
责任印制：李一鸣　黄厚清
出版发行：新世界出版社
社　址：北京西城区百万庄大街 24 号（100037）
发行部：（010）6899 5968　（010）6899 8705（传真）
总编室：（010）6899 5424　（010）6832 6679（传真）
http://www.nwp.cn
http://www.nwp.com.cn
版权部：+8610 6899 6306
版权部电子信箱：nwpcd@sina.com
印　刷：中印南方印刷有限公司
经　销：新华书店
开　本：787mm × 1092mm 1/16
字　数：260 千字　**印张**：15.75
版　次：2016 年 10 月第 1 版　2016 年 10 月第 1 次印刷
书　号：ISBN 978-7-5104-5887-3
定　价：49.80 元

序言

《世界青年说》：青年人看自己、看世界的创新谈话节目

《世界青年说》节目组

自麦克卢汉提出“媒介是人的延伸”以来，这一理论已经在长时间的验证和发展中被学界和业界共同认可了其合理性和意义所在，它帮助我们打开了一种新的认识各种媒介工具和媒体形态的方式。

我们同样可以将电视媒介看作是人类视觉、听觉等种种感觉的延伸，我们透过电视媒体传递的信息，不断地在打破以往的认知范围和界限，正如麦克卢汉所说，我们身处的这样一个纷繁的世界，被媒介联结起来成为一个大的“地球村”。我们的视觉所见、听觉所及，就能到达世界各地。

江苏卫视自 2015 年 4 月 16 日起推出的《世界青年说》，便是希望为观众打开一扇新的了解世界文化的窗户，建立一个互相沟通互相了解的平台。这档节目邀请了 11 位来自世界不同国家的青年代表，这些各国青年目前生活在中国，能够流利地用中文来表达自己的观点和想法，在节目中，他们与主持人、中国青年代表以会议的形式在圆桌前围绕一个话题进行交流和延伸讨论，从多种文化角度来分享和解析同一个问题，思想争锋，文化碰撞。

无论是节目内容、节目形式，还是节目的品牌树立、宣传策略，《世界青年说》都一直力图创新和丰富，我们希望的，不仅是打造一档寓教于乐、交流文化的谈话类节目，更是希望建立起一个碰撞思想、有为有守的媒体平台。

一、打造一档寓教于乐、交流文化的谈话节目

1. 创新的节目形式

《世界青年说》可以定义为一档新型的文化类谈话节目，之所以称之为“新型”，

在于一方面它是对已有的以外国嘉宾为主体的节目的巨大升级，另一方面它是对传统文化类谈话节目的革新。

这档节目是由外国嘉宾参加的多维度、有价值的深度谈话。中国电视荧屏上现有的几档邀请外国嘉宾的节目，多是比赛汉语水平、秀才艺、聊一聊在中国的见闻，并没有真正地从内容上进行有广泛价值的文化交流、观点对碰。而我们的目标是通过世界青年对青年话题的讨论，能够听到更多维度的世界声音，向世界介绍中国，让中国人更了解世界，从而破除误解、求同存异。所以我们邀请世界青年代表的要求非常严格，他们能够用汉语非常清楚、流利、深入地表达内容，对本国文化有较多的认知和认同，拥有很好的教育背景，阅历丰富，具有明确的立场和观点。

传统文化类谈话节目的气质相对高冷，文化交流的呈现更像是一个课堂，观众群体也相对成熟。《世界青年说》致力于打破这样的枷锁，将文化谈话和综艺结合起来，吸引更年轻的观众群体。节目的形式是国际会议厅的格局，参与的嘉宾也是正式西装，这说明对于讨论内容的尊重和重视；但是整个节目的氛围是轻松欢乐的，采用综艺节目主持人而不是文化评论学者，不讨论政治和经济，调侃、搞笑是倡导的语言基调，节目环节也会运用到综艺节目中常出现的竞技 PK、游戏、剧场等多种手段。

2. 丰富的节目内容

谈话节目话题是内核，《世界青年说》的立意和看点是各国文化的不同、各种观点的碰撞，以及外国人怎么看中国，所以话题的层面是文化，不是政治、军事、经济等需要专业人士来讨论的问题。而对于文化，节目选取的角度也不是大文化的概念，而是将文化生活化，去“严肃化”，多选取社会性强的话题，用更贴近生活的小话题为切入口，再进行文化的延伸探讨。

节目已播出二十几期，话题题材涉及亲情、爱情、生活、工作、社交、梦想、人生选择等多个方面，而节目策划选题主要可分为以下几个方向：

① 社会热点话题。在网络和社交媒体发达的今天，人们的个人讨论更加直接和热烈，能够通过新闻社交媒体等途径了解人们正在关心和讨论的话题，节目会选取其中有文化差异，并且具有讨论价值的热点作为节目的话题。例如手机、网络方面——“因为害怕网络暴力而谨慎发言”和“一旦离开手机就不安”。

② 中国青年群体正在面临的一些烦恼。例如来自房子的压力——“想放弃买房，一辈子租房”，对于工作的彷徨——“对老板不满，该忍还是该离职”，大学生对于

未来的担忧——“毕业临近越来越焦虑，如何就业选择”，对于生活状态的选择——“三十岁想要放弃稳定生活去追梦”。

③ 贴近生活，从个人感受出发，能够与观众产生切身共鸣的话题。例如“常常因为小事而发脾气”的愤怒话题，“吃饭必抢单”的消费观念话题。

④ 天然存在世界文化差异的话题。虽然不一定是中国青年的问题，但具有天然的世界文化差异的选题也会成为我们的选择，例如酒文化、美食文化等。

这种贴近生活的社会化选题，已经显现成效，一方面摆脱了纯粹文化议题的高冷范儿，让观众产生情感共鸣；另一方面各国青年自然、真实、轻松的表现，非教科书式的介绍，直观地展现本国文化在各国青年身上的烙印，带来更有趣的文化碰撞。

3. 破除误解、传播文化的宗旨

《世界青年说》是青年人的节目，在这里，探究青年们正面临的人生困惑；在这里，讨论贴近生活的种种热门现象。《世界青年说》能够勇敢直面尖锐话题，消除误解与偏见；更能够娓娓道来，传递让人思考、让人振奋的人生正能量。

为了更好地展现世界文化的不同与冲突，《世界青年说》推出两大核心环节：

① 《全球文化大战》。世界青年们分享知识、比拼文化，碰撞出你所不知道的新世界。各国在同一个题目下分享各自国家的文化和习俗，同时比拼。例如关于酒文化，各国推荐自己国家最有代表性的一种酒，有怎样的干杯习俗，同时，英国、俄罗斯和中国比拼哪国的人民最有酒量；再如关于世界性大学的全球文化大战，各国推荐本国最值得去留学的学校，引起美国的骄傲和英美大战。

② 《慢一步新闻》。TK11 变身新闻主播，介绍本国最新资讯，用母语展现世界各国的多样面貌。一方面带来各国的新鲜、奇葩资讯，引起话题讨论，另一方面展示外国嘉宾的主播能力和语言特色。这两个环节的重要作用就在于集中展示世界文化的冲突与不同，已经受到观众非常多的肯定和好评。

在《世界青年说》，任何误会都有可能被提出，也会被解答。在节目开播之初，俄罗斯嘉宾大卫就向韩国嘉宾韩东秀提出了“孔子是韩国的吗？”这一在中国引发热议的问题，韩东秀回应这一说法只是韩国一个很小、很边缘的媒体提出的，99.9999999% 的韩国人都认为孔子是中国人，之后他又在节目中解释了中国端午节和韩国端午祭的区别。

另一种文化的误解来源于以偏盖全的固有印象，人们经常习惯性地为某一个地域贴上某种标签。《世界青年说》中的外国嘉宾们用语言和自身的行动破除着对各国可能存在的一些偏见，例如有人常说德国人理性和刻板，但是德国嘉宾吴雨翔则是一个感性又情绪化的帅哥，世界之大，各有不同。另外，节目中的外国嘉宾也会提出一些到中国之后看到一些现象产生的不理解，通过与中国青年嘉宾的交流而获得解答。

二、建立一个碰撞思想、有为有守的媒体平台

1. 倾听观众意见，提供交流机会

《世界青年说》一直十分重视观众的意见和反馈，节目中，我们更是以“青年议案”的形式，选取了来自不同职业、不同年龄的观众所共同关注的一些热点话题作为节目的讨论主题，真正做到了想观众所想，问观众所问。

真正有效的传播，应该是建立起一个双向的、平等的、开放的渠道和平台，在这个平台上，媒体和观众共同交流，媒体倾听观众的心声、替观众发声，这样有担当、有追求的媒体平台，才会做出有生命力、有价值的节目内容。

《世界青年说》为了更好地和公众进行交流，进行了很多尝试。值得一提的创新举动就是曾在节目观众中甄选有意义的困惑和问题，将提出这个话题的节目观众请到了节目现场进行讨论，观众作为嘉宾完全平等地和在场的主持人及世界青年代表进行交流，真正实现了在媒体平台的发声。

2. 把握网络脉搏，提升节目影响

“拥抱变化，创造价值”在这几年的互联网及媒体环境里被反复地提及，而顺应网络传播的大潮，探索电视节目在网络环境里的传播方向，也是《世界青年说》努力的重点之一。

新媒体时代，“人人都有麦克风”，传统媒体占主导地位的线性传播模式早已被打破，每一个用户作为一个个节点被联结起来，形成了新媒体环境下特有的传播网络。而作为电视节目，想要在这样一个环境中占据一席之地，提升自身的传播影响力，就必须拥抱这样的新环境，跳出自身的“安全区”，努力探索网络传播的新模式，从而在新媒体环境中重塑自身的话语权和品牌形象，建立起一个和电视平台交相呼应、共同进步的网络传播平台。

《世界青年说》一直以来都十分重视网络传播，节目开播以来，官方新浪微博、

微信公众号等新媒体平台都同步搭建、共同发声，各个账号的粉丝数量也不断累积，# 世界青年说 # 的话题更是经常占据网络热搜排行榜，一段有关英语发音的节目片段在很短的时间内被纷纷转载，实现了覆盖式的传播。

对网络传播的重视，是《世界青年说》发展战略中的重要一环，实现网络和电视的互动，产生的效果将不仅仅是一加一等于二的累积，而是有助于建立一个综合的、多方位共同发展的新型节目平台。

3. 遵循品牌战略，打造经典形象

一档节目想要成功，很重要的一点就是避免同质化，树立自身独特的品牌形象。《世界青年说》的品牌建构，主要体现在三个方面。

首先是极富仪式感的节目形式。节目的舞美布景和谈话形式希望传达一种对谈、商榷的氛围，敲锤、议案、表决等设置表现出的仪式感，带有强烈的节目风格烙印。这样的节目形式有助于加深观众的印象，能够在潜移默化中渲染节目的个性风格，对节目品牌形象的建立不可或缺。

第二是独一无二的语言风格。节目的主要发言嘉宾是来自世界十一个不同国家的外国青年，他们同时精通本国和中国的文化，以流利的汉语流畅地表达，节目中既有紧张激烈的辩论，也有娓娓道来的阐述，既有轻松幽默的调侃，也有正式严肃的对谈，当来自不同文化背景的十一国代表，用流利的汉语就某一问题进行讨论和交流时，形成的就是《世界青年说》独特的语言风格。

最后是各具特色的个人形象。《世界青年说》希望打造各具特色的人物群像，同时也希望能将“世界青年 TK11”作为一个团体形象的代表介绍给观众。来自不同国家的个性青年身上都极富个人特色，其中既有阅历丰富的年长者，也有朝气蓬勃的新一代，有知识丰富的“学霸”，也有独具魅力的“型男”，在节目中人物的身上，观众能看到东西方文化的碰撞，也能看到不同性格的交锋。人物形象的勾画对于节目品牌的树立具有极其重要的作用，有个性、有特色、有魅力的人物形象有助于加深受众的印象，并吸引更多的关注。

在当下的电视综艺节目环境中，真人秀盛行，谈话节目式微，想要做出一档有声音、有影响力的谈话节目，必须找到新的突破点。《世界青年说》正在做这样的努力，一方面连通世界，把谈话的观点和内容上升到国际视野、文化差异；另一方面锁定青年群体，因为他们承上启下，可能会遇到更多的迷茫和选择，同时又是更容易、更愿意接受新观点、新事物的一群人。

《世界青年说》力图打造一个青年人看自己、看世界的窗口，“世界”“青年”和“说”，塑造一个能够聚焦青年、了解中国、碰撞世界的节目品牌。

▶序言

《世界青年说》：我心中的乌托邦

主持人 / 歌手 / 演员　沈凌

我第一次参加《世界青年说》的录影，是以中国青年代表的身份，上场前竟然出现些许紧张，因为节目组的导演说："外国朋友们的表达方式很直接，他们不一定认识你，他们不会跟你客套，他们可能不会让着你，讲话要尽量主动。"我一面拿出"什么阵仗都不怕"的气势，一面心里开始打鼓，就这样，心里咚次嗒次地上了台。录影在愉快的气氛中顺利结束，TK11 纷纷围过来要合影且夸赞我表现得真棒。我心想：哼，算你们有品味！

刚开始跟 TK11 聊天时，就像在看中文配音电影，他们的中文好得有点吓人，以至于到后来，我们时常忘记他们其实是讲着中文的外国人。他们对中文的喜爱和研究，从某种程度上来说甚至超过很多中国人。我们大都有学外语的经历，想象一下如果我要以一口流利的外语在外国的节目中侃侃而谈，私下得下多少苦功，扒掉多少层皮，再头悬梁锥刺骨拿大顶才做得到啊！

以前，我对外国朋友的印象是：很爱赞美和鼓励别人，迎面走过来会以微笑相对，即使是陌生人同乘电梯时都会聊上几句，开车经过路口会主动停下等路人先行……认识 TK11 之后，除了原有印象以外，还现场感受过韩国朋友在饭局中如何照顾和尊重长辈，大家一起出去喝酒不必纠结谁请客，直接 AA，喝到开心时的疯闹场面就像在看美国电影，也曾诧异外国朋友其实并不喜欢被中国人称为"老外"，即便这种称呼没有恶意……

我相信会有观众跟我一样，透过《世界青年说》开始对外国朋友和文化接触和了解，且有不少关于外国的事情是头一回听说。TK11 的言语和表现，不仅代表了他们这个年龄段外国年轻人的所思所想，更是一根根连接各国青年趣事和文化习俗的高速数据线。这些交错纵横补充加强了我们对自我和对整个世界的认识，这一认知的过程，就像将拼图游戏中的碎片一块块拼起从而整张图片逐渐清晰一般，非常难忘有趣。

我有时也会幻想：如果整个世界是个和睦的大家庭该有多热闹！没有纷扰，没有战乱，大家彼此分享，充满善意，心无芥蒂，像歌中唱的那样——Make it a better place for you and for me and the entire human race。这也是我格外珍惜和喜爱《世界青年说》的原因之一，因为它在某个时间点以某种方式令我幻想成真。

《世界青年说》就是我心中的那片乌托邦。

在这样一个数字网络年代，有这样一本实体书的出版，能让关注《世界青年说》的朋友们又多一种载体来收藏和回味，热衷于购买实体 CD 的我表示："简直不能更棒了！"喜欢的话就多买几本，自己留着，也送给朋友！

目录
CONTENTS

第四章

世界各国的浪漫爱情

第五章

世界各国的“酒文化”

第六章

世界各国论长相

第七章
世界各国“秀恩爱”

第八章
世界各国论脾气

第九章
世界各国的“互联网文化”

第十章
世界各地谈买房

第十一章
年过三十，家庭与梦想的抉择

第一章

世界各国的父子关系

播出日期：2015 年 4 月 16 日

世界青年说，青年说世界。丰富多彩的各国文化，奇异有趣的各国礼仪，地球这么大，一起去看看吧。

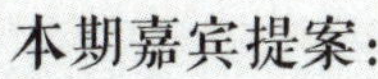

本期嘉宾提案：

坚持父子之间要说“谢谢”的我，是正常还是不正常？

第一节
有趣的见面礼仪

各个国家不同的文化传统往往会衍生出不同的礼仪习俗，因此每个国家的见面礼仪也各有不同。TK11（关键 11 人）的第一次出场，让我们见识到了各国见面礼的丰富多彩。

在我们中国古代，人们见面时多行“拱手礼”，也叫作“作揖”。“拱手礼”在我国已有 2000 多年的历史，是我国重要的传统礼节之一。“拱手礼”历史悠久，《论语》中就有“子路拱而立”的记载。即使现在，和朋友见面、约会或者告别等，拱手依然可以传达“寒暄”“问候”“恭喜”等各种意思。

那么，其他国家的见面礼仪和我们中国又有着怎样的不同之处呢？

来自枫叶之国（加拿大）最大的城市多伦多的詹姆斯·奥夫斯，在刚进场，和在场的几位主持人打招呼的时候，对两位男主持人只是亲切地握手，而在面对女主持人的时候，却亲吻了手背，这就是所谓的“吻手礼”。

我们中国是没有“吻手礼”的，据说这种礼节是由古代维京人（生活在8～11世纪）发明的。维京人有一种风俗，就是向他们的日耳曼君主“手递礼物”“吻手礼”随之出现。

吻手礼是一种爱情文化的传承，是西方交际的必要礼仪之一。它的来源是天鹅，天鹅是一种代表爱情的动物。在达芬奇名画《丽达与鹅》中，讲述了天王宙斯爱上凡间的丽达，后来将自己变成天鹅与她接触的故事。当我们将手掌横着放置的时候，你会发现我们手的形状很像是一只天鹅。《丽达与鹅》这幅画中蕴含着“吻手礼”的意味，鹅抱着丽达就像手握着女生的手一样，两人交往之后，就有可能结为连理了。

如今，“吻手礼”流行于欧美上层社会，是一种仅对贵族已婚妇女实施的礼节。

加拿大地广人稀，这种特殊的居住环境对加拿大人的待人接物有一定的影响。一般而言，在交际应酬中，加拿大人的特点是既讲究礼貌，又无拘无束。加拿大国民的主体是由英法两国移民的后裔所构成的。一般而言，英裔加拿大人大多信奉基督教，讲英语，性格上相对保守内向一些；而法裔加拿大人则大都信奉天主教，讲法语，性格上显得较为开朗奔放。在与加拿大人打交道时，首先要了解对方的情况，然后再有所区别地加以对待。

在意大利、西班牙等大部分欧洲国家，两个人打招呼的方式是走上前快速地亲吻彼此的脸颊：先是右侧，然后左侧。如果彼此不太了解，也可以通过握手以示友好。这种打招呼的方式在大多数欧洲国家是一种惯例。

来自意大利的罗密欧就亲吻了所有主持人的脸颊，只是他的胡子有些扎人。

英国民间见面亲吻的习俗很奇特，灵感可能源于其周围的欧洲国家。当然，也可以坚持只和对方握手。

亲吻面颊在德国也很常见，不过通常只是在脸颊左侧亲吻一下。一些德国斯多葛派人士和部分德国人最近呼吁废除这一见面习俗，他们认为亲吻面颊是异族文化入侵德国文化的一种表现。

法国的亲吻礼仪显得比较复杂，一般是亲吻对方的右侧脸颊，亲吻的次数会因为不同的地区和不同的人而有所差异，有些地区只吻一下，有些地区则会吻许多下。亲吻次数的多少，直接反映了热情的高低。在法国北部的大部分地区，见面通常需要亲吻五下。如果你遇到法国人，不知道要亲吻几下时，就直接待在原地，等法国人主动来吻你，只需做好配合，灵活地随机应变就行了。

伊朗的亲吻面颊礼仪是按照脸颊右侧—左侧—右侧的顺序亲吻三下。伊朗是以信奉伊斯兰教为主的共和国，大约 98.8% 的居民信奉伊斯兰教。所以，伊朗的文化深受伊斯兰教的影响。

在以佛教为主的泰国，人们打招呼通常先双手合十做祈祷的姿势，然后弓着身子，以额头触碰指尖。这在泰国被称为“wai”——手的位置越高，表示对对方越尊重。

美国人见面会握手或者碰拳头，这样可以减少细菌的传播，美国总统奥巴马也很赞同这样的问候方式。

第二节
父子之间有必要说“谢谢”吗?

在第一期中，明星嘉宾林志颖说他比较注重儿子 Kimi 的礼仪，坚持父子之间一定要说“谢谢”，并向在场的嘉宾提问道:

“我坚持父子之间一定要说‘谢谢’的，这是正常还是不正常? ”

主持人李好说:“今天节目现场，不是每个人都当了爸爸，但却都有一个确定的身份，一定都是爸爸的儿子。”的确是这样，所以说，父与子的关系是一种自然而然的存在。

在首次表决中，TK11(关键 11 人)中有 3 人选择“不正常”，8 人选择“正常”。

在中国，孩子们很少或者几乎不会向父亲说“谢谢”，一方面是因为中国人大多属于比较腼腆的类型，在很亲近的人面前，感谢或者爱的话语也不好意思直接表达出来;另一方面，也因为大多数情况下，父亲在我们心中都是一个“神圣”不可侵犯的形象，而我们的“谢谢”更多地是用于朋友之间表达感谢，显然父亲在中国人的传统观念里并不是朋友式的存在，所以很少会有人对父亲说出“谢谢”这两个字。

一直宣称“平等”“开放”的外国人，对这个话题会怎么看呢?

来自俄罗斯的大卫选择“不正常”。

俄罗斯人素来以热情、豪放、勇敢、耿直而著称于世。大卫也精通中国古典文化，并引用了我国大圣人孔子的一句话，说:“听其言而观其行。”大卫解释说，对于孩子的教育，不一定是要教育他用言论来表明对父亲的尊重，而是应该教育他用行为证明自己的感恩之心，所以大卫觉得“父子间坚持说谢谢”是“不正常”的。

此观点立即引发了热论，来自美国的活泼俏皮、拥有阳光大男孩气质的孟天搬出了“黄金规定”，说人与人之间希望得到平等的对待，所以不管是对自己的亲人，还是对陌生人，说声“谢谢”都是一种起码的尊重。

来自意大利的罗密欧引用了美国作家威廉·亚瑟·沃德的一句话：“心存感激而不表达，等于包好了一份礼物，却不送出去。”

在中国传统文化中，爱的表达大都是以含蓄的方式，而不愿意直面诉说，正如那份包好的礼物，怎么也给不出。

伊朗代表说，他们会写信对父亲表达歉意。这样的方式就很好，我们可以更多地引导孩子用文字、绘画等方式记录下生活中满满的爱意，让孩子用一定的方式来表达自己的情绪和情感，这样更有利于家长和孩子的沟通与交流。

第三节
世界各地的父亲，都在家里扮演什么角色?

在中国的传统文化里面，父亲是一个家庭里面的“主心骨”，管理并操持着整个家庭。我们注意到，在《说文解字》里面，父的意思是：“矩也。”规矩的矩，也就是说，父亲是家里面规则的制定者。

那么，在地球上其他国家里，父亲有着怎样的家庭地位，又扮演着什么样的角色?

来自美国的孟天说，他小时候在乡下，要是不听话，父亲就会粗暴地揍他。在中国，父母揍自己的孩子是家常便饭，我们也常常说“打是亲，骂是爱”“小枣树不打不成材”。但美国是一个法律严明的国家，在我们的印象里，“打小孩”在美国是违法的。

对于众人的此般理解，孟天解释说，相对于美国纽约等北部地区来说，美国的南部更为传统一些，所以会有些地方出现打孩子的做法。

世界青年“说”世界

美国的南北文化差异

在历史上，美国的南方和北方存在着天然的差距，北方以新兴的资本主义为主，南方则是传统的奴隶制度。南北发展的不平衡，极大地阻碍了美国社会的发展，也造成了南北不可调和的矛盾。尤其是工业革命之后，北方新兴的资产阶级得到迅速的发展，并积极地向美国的西部发展，获取了那里大片的领土，成立新的自治州。在积极扩张领土的同时，北方新兴的资产阶级禁止在新成立的自治州里实行奴隶制度，使广大奴隶拥有人身自由。这显然触犯了南方奴隶主的利益，因为他们也在积极地向美国西部扩张领土，并推广奴隶制度。奴隶主利用其在国会及政府中的统治地位，连续取得胜利，激起北方广大人民的愤慨。

由于南方的奴隶制度严重阻碍了北方工商业的发展，自19世纪起，美国南方和北方的矛盾和斗争变得越来越不可调解。在美国西部的部分地区，北方新兴的资产阶级和南方的奴隶主为了争夺在该地区的利益，频频暴发武装冲突。在南方奴隶主高强的打压下，北方人民没有退缩，反而发起了声势浩大的“废奴运动”，与此同时，南方黑奴也不断展开暴动，积极支援北方的“废奴运动”。

这就是美国历史上著名的“南北战争”。虽然南北战争摧毁了奴隶制度，但只是废除了南方叛乱诸州的奴隶制，黑人虽然被解放，但还是没有获得和白人一样的权利。

大家也许都读过《飘》，这是美国女作家玛格丽特·米切尔（1900—1949年）十年磨一剑的作品，以亚特兰大以及附近的一个种植园为故事场景，描绘了内战前后美国南方人的生活。作品刻画了那个时代的许多南方人的形象，如斯佳丽、瑞德、艾希礼、梅勒妮等人。通过他们的习俗礼仪、言行举止、精神观念、政治态度，反映了美国南北文化的差异，成功地再现了美国的南北战争。

在伊朗，父亲有着崇高的地位，每天下班回家后，妻子与孩子都会在门口迎接并说上一句“辛苦了”，然后妻子会接下丈夫脱下来的外套等。听到来自伊朗的普雅的介绍，我们不禁感慨，在伊朗做爸爸，就好像在我们中国做皇帝。

但在泰国，母亲却是真正的一家之主。来自泰国的韩冰说，因为在以前，泰国的男子每年都有半年的时间要去当兵，一年到头，大部分时间都不在家，所以负责管家的人就变成了母亲，这也导致了在泰国的家庭中，关于孩子的事情，爸爸从不做主，甚至很多时候，孩子向爸爸问一件简单的事情，泰国的爸爸都会对孩子说："等你妈回来。"

泰国现行宪法对服兵役规定："人人有依照法律服兵役的义务。"根据这一规定，每个达到服兵役年龄的公民，都必须进行兵役登记，包括变性人都要向征兵单位报到，年龄为 18 ~ 30 岁的男子，必须依法服现役。在泰国的现役部队中，士兵的期限一般为两年。具有特殊资格而又符合法律规定的公民（包括自行申请服现役的人），服现役的期限可少于两年。应征公民可以自行选择服役的军种及部队单位，但必须提前提出申请。

由于泰国是一个佛教王国，因此每年征兵时，高级僧侣、教士可以免征。同时，身体不适合服役者、不具备充任士兵资格的特殊地区的居民，也都免征。

第四节
国外孩子直呼父母名，竟是误解

在我们中国人的传统观念里，直呼别人的名字是不礼貌的。在古代，君王或尊亲为了显示威严，规定人们说话中避免直呼其名或在行文中不得直写其名，而要以别的字代替，从而形成了中国特有的“避讳”制度。

其中有一条就是“避长辈”，即避父母和祖父母之名，是全家的“家讳”或“私讳”。与别人交往时应避对方的长辈之讳，否则即为失礼。唐代诗人李贺之父名晋肃，“晋肃”与“进士”同音，故李贺一生不能参加科举考试。《红楼梦》中林黛玉之母叫贾敏，所以林黛玉凡是遇到敏字都读成“米”或“密”。司马迁的父亲叫“司马谈”，所以《史记》里，他把跟他父亲名字相同的人，一律改了名，例如“张孟谈”改为“张孟同”；“赵谈”改为“赵同”。后来，《后汉书》的作者范晔也是如此，因为范晔的父亲叫“范泰”，所以在《后汉书》里，叫“郭泰”的，竟神不知鬼不觉地变为“郭太”了，而叫“郑泰”的也变为“郑太”了。

又如唐朝的诗人杜甫，父亲的名字叫“杜闲”，为了避“闲”字的讳，杜甫写了一辈子的诗，却没在诗中用过“闲”字。杜甫母名海棠，《杜集》中无海棠诗，不名

母名也。

又如苏轼祖父名“序”，为讳“序”字，其父苏洵不写“序”字，碰到写“序”的地方，改成“引”字；苏轼也跟着不用“序”字，他以“叙”字来代替。

我们经常在国外的一些影片中看到外国小孩会直呼其父亲或者母亲的名字，让我们也一度以为，国外的小孩都是这样，但事实上并非如此。

澳大利亚的安龙说，他只呼父亲“Hi man”，也就是相当于“哥们儿”的意思，这让他可以和自己的父亲像朋友一样互相斗嘴开玩笑。

来自加拿大的詹姆斯也说，加拿大和澳大利亚有点类似，会直接称呼父亲为“Dude(哥们儿)”，这也说明他们和父亲的关系就像朋友一样。但这仅限于他们成年之后，在私下场合里可以这么叫，在公众场合他们并不会这么叫。我们中国人在私下场合，也很少有人会直接称呼父亲为“哥们儿”。

在英国，孩子也很少会直呼父亲的名字，只是在偶然或者着急的情况下才会喊爸爸的名字。

但在泰国就比较特别了，不仅要叫名字，还要带上爸妈的称呼。

例如，如果父亲名字是“Deng”，那么他们就要称呼爸爸为“Deng 爸爸”。换句话说，如果你爸爸叫“李某某”，那么用泰国的叫法就是“李某某爸爸”。这样的叫法倒是很有意思。

第五节
青春期的“父子大战”

到了青春期，尤其是男生，总是会生出一些叛逆。这个阶段的我们或多或少都会有自己的“小想法”。但这些想法又总是得不到父亲的支持和理解，甚至在父亲眼里，我们的这些“小想法”简直就是笑话。

在现代社会中，父母教育孩子，更多地会考虑到孩子的想法，但相信读这本书的读者，都经历过中国传统的“父子大战”。特别是在乡下，一旦做错了事情，父亲（当然，也有可能是母亲）就会拎着一个家伙，满大街追着自己的孩子跑。

林志颖说自己在 14 岁时曾告诉父亲，自己想要去打工。当时，林爸爸对林志颖的想法感到惊讶，毕竟他才 14 岁。但林志颖还是“偷偷”地去打工了，而且还用自己打工赚来的钱买了一辆摩托车。直到学校通知林爸爸林志颖无证驾驶的时候，林爸爸才知道林志颖去打工。

如果这件事发生在某些人身上，大概就会被追着“满大街跑”了。

中国的教育方式我们都深有体会，那么，外国人的“父子大战”又是怎么样的呢？

加拿大的詹姆斯说，他曾带两个未成年人去夜店，而且和他们喝酒喝到“断片儿”。在加拿大，带未成年人去夜店喝酒，这是一件很严重的事情，因此他的父亲非常生气，带着他到别人家道歉，回来之后又把他关到屋子里，不让他出门。这样的做法在加拿大是一种很常见的惩罚措施。

世界各国父亲惩罚孩子的措施，可以分为“暴力”和“非暴力”两种。

林志颖说，他的父亲从来没有打过他，最严重的惩罚措施，就是让他跪佛堂。

泰国和中国的惩罚措施有点相像，家长会专门准备一根长长的棍子，教训不听话的孩子。拉丁美洲哥斯达黎加的惩罚措施则花样很多，很有创意。例如，他们会让一个做错事的孩子跪在豆子上面，也可能是跪在可乐瓶上，带突起的那种，这有点像我们中国的“跪搓衣板”。还有，如果小孩说脏话，他们会往小孩的嘴唇上抹辣椒酱，让嘴唇红肿，不能再说话。

在伊朗，父母一般很少打孩子，但是老师会打孩子。他们认为“孩子不打不成材”，认为打是一种很正常的教育方式。

第六节
父与子的爱在全世界流淌

在我们懵懂的时候，父亲可能打过我们，骂过我们，虽然青春总是匆匆而过，父亲也慢慢地变老，父与子的爱却会永远地在全世界流淌。爱父亲，在每一个国家都“通用”。

林志颖说，他自从进入演艺界之后，经常忙于自己的工作，在父亲突然去世时，他一点准备也没有。他完全没有想到，一个和自己这么近的亲人，竟然这么快就离开了他。所以，他对父亲存有歉意，觉得人不能只忙于自己的工作，要抽出更多的时间来陪伴家人，因为家人才是我们这一生中最珍贵的宝贝。

加拿大的詹姆斯说，他的父亲有一次趴在他的肩膀上流泪，因为他的奶奶去世了。在爱面前，高大的父亲也会表现出最脆弱的一面。

泰国的韩冰说他无法体会什么是父爱，因为在母亲怀孕的时候，父母就已经离婚了。他和母亲一起生活，和父亲完全没有联系，甚至不知道父亲的存在。父亲来过他们家两次，但每次都是喝得酩酊大醉，来家里吵闹，甚至有一次还带了一把枪。父亲对那时还小的他来说，就是一个“恶魔”，给他造成了心灵上的创伤。残缺的家庭中，受伤的总是孩子。但是，如果父亲现在老了，走不动了，需要他来赡养，那么他一定会好好地陪父亲到老。这是韩冰在节目中含着眼泪说的一段话。

无论父亲对我们做过什么，他始终都是我们的父亲。当父亲老了的时候，扶他慢慢地走，不要让他那么早就离开。

儿子牵挂父亲，其实父亲也在牵挂着儿子。无论我们走多远，做什么，父亲都是我们一生的牵挂、一生的朋友。“爱父亲”在全世界都是一样的，请多陪陪自己的父亲，因为这注定不会很长久。

第二章

世界各国的职场生活

播出日期：2015 年 5 月 28 日

不管你将来读什么大学，学什么专业，你都要有一份工作来养活自己。无论你是蓝领还是白领，职场都是值得我们去学习、去研究的地方。那么，世界上其他国家的职场和我们中国的又有什么不同呢？

本期嘉宾提案：

对老板的不满爆棚，却还假装满意去上班的我，
是正常还是不正常？

第一节

各国青年对自己的老板满意吗?

来自德国的吴雨翔说，德国人在工作中经常爱抱怨，而且是老板和员工们都抱怨，不过都是在背后。来自韩国的韩东秀也说，在韩国，“吐槽老板”是上班族下班之后，不可缺少的一个话题。

在我们中国，职工在背后“抱怨老板”也是正常的现象，但是在德国的职场，“抱怨老板”已经形成了一种独特的职场文化。

众所周知，德国人的死板和认真是出了名的，认定的事情不会变通，没有商量余地。例如一个 Excel 表格，很多德国人都只知道哪列需要填写哪类数字，一旦数据出现错误或者项目需要增加一些内容，他们就会慌乱。因为他们不明白其中的原理，甚至产生了错误也不自知。像这样一切都按照条条框框设计好，反而让员工缺乏自主创新与发展，因为他们在大多数时候，只知道“对号入座”，做着照本宣科的事情。

大多数德国人的工作效率并不高，但是他们的工作质量很高。德国人很会抱怨：

“为什么我工作这么多呀？为什么我的项目这么复杂呀？累死我了，谁来帮帮我！”“我想我重感冒了，我明天得请病假。”“时间根本不够用，我得去和老板谈谈。”等等。这是德国职场文化和中国职场文化中非常不同的一点。其实，德国人的工作压力并没有我们中国人的大。在中国，如果你敢向老板抱怨你的工作太累了，那么老板可能会毫不留情地辞掉你。

在德国，你如果一直闷头苦干就太不聪明了，就算你手边没什么活也要不时“抱怨一下”，让同事都知道你“很辛苦，很努力”。例如，做一件事情只需要一两个小时，你要做上一整天。要是太快把工作做完，去做一些自己的事情，老板反而会认为你很闲。所以，非紧急性工作都要慢慢做，中间停下来，小憩一会儿，喝口水，浏览一下当天的新闻，还不能忘了不时地“抱怨一下”。德国职场的这种风气不是很好，这就是德国特有的“抱怨文化”。

文化贴士

德国人的“守时文化”

在德国受到别人邀请，去别人家里做客，女主人总是很准确地算好你什么时候到，如果不出意外的话，在你按门铃的那一瞬间，女主人可以把香气四溢、刚烤好的面包从烤箱里取出来，你一进门就可以吃到刚做好的面包。这是德国人对时间、对客人的一种态度。德国人做什么事都要看表，所有的事情都是计划好时间的长短来完成的。德国的公共汽车、火车相当准点。公共汽车、火车的时刻表的左侧一列表示的是几点，小格子里的数字表示的是几分。你来到车站，看看手表上显示的时间，再看看旁边显示的到站时间，简单计算一下，就可以知道下一趟车还需要等多久才会来。

德语中有句话：“Fuenf Minuten vor der Zeit ist des Deutschen Puenktlichkeit.”翻译过来就是“提前 5 分钟是德意志的守时标准”。也就是说，遵守时间不仅要准时准点，甚至还要提前一点点。所以，如果你的老板、同事或客户是德国人，和他约时间见面，你可以提前几分钟到，但是千万不要比约定的时间晚到，因为德国人相当守时，你完全不用担心他们来得比你晚。

第二节
世界各国选工作的难处

这一期的问题是：对老板不满，却假装满意上班，正常吗？

在表决中，TK11（关键 11 人）中有 5 人选择“不正常”，6 人选择“正常”。

美国代表孟天选择“不正常”。他认为，每个人能来到世界上活着，已经是很不容易了，一个人的生命是非常宝贵的，没必要在不喜欢的公司里浪费自己的时间。“此处不留爷，自有留爷处。”只要自己有实力，有才华，完全可以换一个喜欢的工作。

来自哥斯达黎加的穆雷选择“正常”，他解释说，在哥斯达黎加找一个开心的工作比较困难，人们为了生存不得不学会忍耐。

哥斯达黎加，全名是哥斯达黎加共和国，位于拉丁美洲，它的北面是尼加拉瓜，南面则与巴拿马接壤，它是世界上第一个不设军队的国家。哥斯达黎加是一个传统的农业国家，虽然这里的风景优美，旅游业发达，被称为“中美洲的小瑞士”，但事实上，它的经济状况与传统的工业大国相比要差很多。因此，这里的人们普遍都有很大的就业压力，为了生存，人们不得不学会忍耐和适应。

来自意大利的罗密欧选择“正常”。欧债危机蔓延至意大利后，意大利政府被迫实施一系列紧缩措施，导致经济开始走下坡路，经济连续下滑又导致失业率不断攀升。

在意大利，有 73% 的人对自己的工作不满；85% 的人认为，最近 5 年内，因为经济下滑，情况会变得更加糟糕；大约只有 30% 的意大利人对自己的老板满意。

虽然大多数人都对自己的工作并不满意，但他们却都不会轻易选择换工作，这是因为现在意大利的经济情况不景气，很难找一份好工作，换工作不是一件简单的事。所以，就算对自己的老板不满意，也只好“忍辱负重”。

俄罗斯的大卫十分认同罗密欧的观点，因为俄罗斯近年来的经济情况也不景气，如果因为一些个人原因而轻易提出辞职，那么很可能会就此失业，无法找到更合心意的工作。

世界青年“说”世界

俄罗斯和意大利近年来的经济情况

俄罗斯：20 世纪 60 年代末到 70 年代初，苏联经济发展进入前所未有的繁荣时期，经济总产值仅次于美国，位居全世界第二位。从 20 世纪 70 年代中后期开始，苏联的经济发展陷入困境，经济活力日益下降，增长速度明显变缓。受到经济发展的影响，苏联的国际地位也开始跟着下降。1991 年，苏联解体。1991 年，俄罗斯国内生产总值为 5595.84 亿美元，占全球国内生产总值的 2.41%，经济总量位居第 9，中国位居第 10。2015 年俄罗斯经济总量仍位居第 9，中国位居第 2。

意大利：2011 年夏季，欧洲发生了严重的债务危机，意大利受此影响，在欧盟施加的压力下，被迫实施一系列紧缩措施，当年第三季度经济开始走下坡路。2012 年，意大利平均失业率高达 10.7%。2013 年失业率进一步攀升至 12.7%。当前，意大利经济增长仍面临一系列问题，例如，劳动力市场僵化、青年失业问题严重、税收负担过重、能源价格高，等等。总体来看，意大利的经济近年来发展缓慢，人民就业压力较大。

来自澳大利亚的安龙选择“不正常”。他本人就是一个公司的老板，他最讨厌“装”的员工。“装”是什么意思呢？具体来说，就是老板让员工按照他说的方法去做一件事情，但员工却有着自己认为更好的方法，如果按照老板的方法去做，自己会很不开心，明明有更好的方法，为什么非得多做许多无用功？但是把自己的想法告诉老板，又怕老板不认同自己的看法，所以只好隐忍不说，装着很快乐地工作。

在中国，员工一般不会反驳老板的意见，即使老板说得不太对，也不和老板较劲。但在西方，尤其是澳大利亚，老板和员工之间却有着不同的沟通方式。

在澳大利亚老板的眼中，最受欢迎的员工是敢于向老板“挑战”的员工。

他们认为员工和老板的地位是平等的，只是老板的能力稍微好一点。换句话说，如果你的能力比老板强，那么你就是老板。而能力是分很多种的，或许你在技术方面的能力很强，甚至强过你的老板，但在管理能力上，或许你就不如你的老板。

“面子”在澳大利亚人的眼里是不存在的，员工可以对老板的方法提出质疑，可以“挑战”老板，而不需要讲面子。

对于一件事情，如果员工有更好的解决方法，却因为顾及到老板的“面子”而隐忍不说，这反而不利于问题的解决。当将沟通建立在一种平等互信的基础上时，很多问题就迎刃而解了，工作效率自然也就提高了。

文化贴士

带你走进澳大利亚

澳大利亚，全称澳大利亚联邦，是一个领土面积有7,686,850平方公里，且奉行文化多元化的移民国家。它位于南太平洋与印度洋之间，四面环海，是世界上唯一一个国土覆盖整个大陆的国家。澳大利亚风景优美，气候宜人，在全球“最适合人口居住城市”的前十名中，有四个城市属于澳大利亚。

澳大利亚经济实力雄厚，投资环境很好，是一个高度发达的资本主义国家。它是南半球最发达的国家，也是全球第十二大经济体、全球第四大农产品出口国；澳大利亚的多种矿产出口量都在全球排第一，所以，它又被称为“坐在矿车上的国家”；又因为这里放养绵羊数量和出口羊毛最多，它还被形象地称为“骑在羊背上的国家”。

第三节
“加班”在世界各国都通行吗?

“加班”在任何时候都是一个令员工头疼的问题，明明规定我一天只用上 8 小时的班，却被老板“强迫”着工作更多的小时，这是不是很过分？而且在中国，很多公司是没有加班费的，用老板的话说，加班是因为你没在规定的时间里完成工作，所以加班是合情合理的。

伊朗的普雅说，在伊朗，每年都有一个月叫作“斋戒月”。在这个月里，信奉伊斯兰教的人从日出到日落期间，不能吃和喝任何东西，日落后则可自由吃喝。“斋戒月”是穆斯林最重要的节日，而不是伊朗最重要的节日，伊朗最重要的节日是每年 3 月 21 日的春节“Nowruz”（诺鲁孜节）。

文化贴士

斋戒月

斋戒月是在伊斯兰历的9月，阿拉伯语叫“拉马丹”。按照伊斯兰教教义，斋戒月是伟大、喜庆、吉祥和尊贵的月份，因为安拉是在这个月把《古兰经》降给穆斯林的。在斋戒月里，每天东方刚刚开始发亮至日落期间，除了患病者、旅行者、乳婴、孕妇、哺乳妇、产妇、正在行经的妇女以及作战的士兵外，成年的穆斯林必须严格把斋，不吃不喝、不吸烟、不行房事等。直到太阳西沉，人们才进餐，随后或消遣娱乐，或走亲访友，欢天喜地如同过年。

对于世界上十几亿穆斯林教徒来说，斋戒月是一年当中最圣洁的月份。在斋戒月期间，穆斯林教徒以不吃不喝这种方式来克制私欲，陶冶性情。这期间，穆斯林教徒戒斋、祈祷、阅读《古兰经》。

在伊朗，国家有规定，斋戒月期间，公司的上班时间从正常的早上8点到下午5点，改成早上9点到下午2点半。但即使是在斋戒月期间，也还是会有老板让员工来加班，这是很多伊朗人都感到非常痛苦的地方。

与其他国家相比，德国的员工们就显得非常幸福了，即使是加班，也要比其他国家的人幸福很多。

德国的吴雨翔解释说，按照德国的法律，加班是违法的。而老板一旦要求员工加班，就要按普通工资的数倍向员工支付加班工资。

看到这里，一定有很多人都在感叹，德国的法律真好！

而在韩国，加班的方式很奇葩，这就是韩国独有的“聚餐文化”。老板很喜欢让职员们下班后一起聚餐喝酒，甚至这也是日常工作中的一项。

聚餐喝酒看起来是一件很不错的事情，但任何事情一旦变成了“工作”，都会显得很没意思。

在韩国，有很浓的公司聚餐文化氛围，同事们在下班之后经常会被老板叫去，聚

在一起吃饭喝酒。如果你打算以后到韩国工作，那一定要学会喝酒。在韩国，新进职员即使不会喝酒，也不能拒绝高职位同事或长辈给的酒，并且很多时候还需要一饮而尽。所以，如果不会喝酒，在韩国职场是很难生存的。有些公司下班后的聚会甚至会持续到凌晨三四点，而你第二天还要准时上班，且不能有任何抱怨。

聚餐喝酒常常不局限于一个地方，一次聚餐喝酒也会安排好几轮，第一轮可能会去饭店吃东西、喝酒，第二轮会去夜店或 KTV，第三轮接着喝酒。

看来，在韩国聚餐喝酒还真是一件需要员工“加班”来做的事情。

文化贴士

中国关于加班的法律规定

一、中国目前有关工作时间和休息休假制度主要体现在以下三个方面：

1．实行8小时的工作制度。

职工每天在单位工作的时间，不应该超过8小时，平均一周工作时间不应该超过40小时。

2．法定节假日以及年休假和职工探亲假等，职工享有正常休假权利。

在国家规定的法定假日，即元旦、春节、国际劳动节、国庆节等假日，用人单位必须按照要求给劳动者休假。国家还规定，劳动者在工作单位干满一年以上，即可享受带薪休年假的规定。年休假是指，职工每年在一定时间内享有保留工作和工资的连续休息的时间。

3．法律对加班进行了限制性的规定。

加班，又被称为延长劳动时间，是指用人单位经过一定的程序，要求劳动者每天或每周所工作的时间，要超过法律、法规规定的最高限制的日工作时数和周工作天数。为了维护和保障劳动者应有的休息权以及身体健康，我国的劳动法明确规定了用人单位不得违反劳动法而擅自延长劳动者的工作时间。也就是说，在一般情况下，用人单位不得随意安排劳动者加班。

二、用人单位不得变相强迫劳动者加班

变相强迫劳动者加班是指在日常实践中，用人单位故意制定一些不合理、不科学的劳动定额标准，使得在单位工作的人员在8小时工作时间内根本不可能完成相应的任务，而为了保证基本的生活劳动酬劳，劳动者不得不在规定的8小时工作时间外延长自己的工作时间。

三、用人单位安排劳动者加班的，应当支付其加班费

加班费是指劳动者按照用人单位生产和工作的需要，在规定工作时间之外继续生产劳动或者工作所获得的劳动报酬。

按照《劳动法》第四十四条的规定，支付加班费的具体标准是：在标准工作日内安排劳动者延长工作时间的，支付不低于工资的百分之一百五十的工资报酬；休息日安排劳动者工作又不能安排补休的，支付不低于工资的百分之二百的工资报酬；法定休假日安排劳动者工作的，支付不低于工资的百分之三百的工资报酬。

第四节
国外老板的工作风格

国外老板的工作风格各不相同，如果你准备以后到国外工作，提前了解老板的工作风格会让你更多地得到老板的赏识。

孟天说，在美国，老板说话很注重满意感和幸福感。例如，老板会先甜言蜜语地和你聊会儿球赛、电影之类的话题，然后，话锋一转，告诉你“今天要加班”或者“今年的奖金没有了”。这样的老板似乎不太“豪爽”，但这却是一种很高明的说话方式，能让员工更好地接受他们的批评或建议。

詹姆斯说，在加拿大，老板特别的礼貌，无论你做什么、做得好不好，老板都会向你说谢谢。

韩冰说，在泰国，老板就像父母，也很八卦。他们会经常和你聊一些私事，会问你有没有结婚、女朋友漂亮不漂亮、谈过几次恋爱、分手时有没有哭过，等等。总之，你可以和老板分享任何事情，包括你自己的私密事。

在我们一般人看来，老板就是“领导”，二者之间并没有什么区别。但来自哥斯达黎加的穆雷却向我们说明了，在他们国家的人眼中，“领导”和“老板”之间的区别。用西班牙语来理解，领导叫“Lider”，而老板叫“Jefe”，二者是不同的。

哥斯达黎加人认为，在做一件事情的时候，“老板”是站在一旁指挥，“只动口不动手”的；而“领导”则不但要指挥，还要亲自动手，和员工一起做这件事情，就是“既要动口，又要动手”。但在哥斯达黎加，他们的老板往往会亲自上阵，亲自领导大家去做工作。所以，简单来说，他们是没有“老板”的。

第三章

世界各国的留学情况

播出日期：2015 年 8 月 6 日

随着时代的发展、经济的繁荣，在中国已经有越来越多的年轻人选择到国外去留学。如今，这样的留学趋势越来越大，留学者的年龄也日益低龄化。那么，这样的现象只是在中国发生吗？其他国家又是什么样的情况呢？

本期嘉宾提案：

我不希望女儿高中就出国留学，你们赞同吗？

第一节
“意法”与“法意”之争

这一期中，“霸道总裁”安龙去北极探访，法国青年宋博宁作为实习代表出场。他刚一出场就和意大利的代表罗密欧争了起来，二人很介意“意”“法”这两个字，是说成“意法”，还是说成“法意”。

意大利代表罗密欧说，从历史的角度来讲，意大利在古罗马时期就已经“掌控”了法国。意大利是欧洲一个历史悠久的文明古国，在旧石器时代就已有人类在这片土地上生活。此外，意大利也是罗马帝国的发祥地，罗马帝国全盛时期，版图西起西班牙、不列颠，东到幼发拉底河上游，南至非洲北部，北达莱茵河与多瑙河一带，地中海成为帝国的内海，罗马帝国统治这些地区达数个世纪。所以，意大利认为很早就已经掌控了法国，应该说成“意法”。

法国代表宋博宁反驳道，罗马帝国和意大利是两个概念，因为直到 1946 年意大利才正式建国，而法国几乎是欧洲第一个成国的国家。罗马帝国崩溃后，意大利 1000 多年都没有一个统一的政府，经常是外国列强瓜分的对象。统治西班牙和奥地利的哈布斯堡王朝长期占领着意大利的大部分地区，法国的波旁王朝则长期占领着意大利的南部地区。所以，法国比意大利更早地存在于世界上，应该说成“法意”。

其实，不只是法国和意大利比较在意究竟是“意法”还是“法意”，对于日本和韩国这两个国家的民众来说，他们也比较在乎究竟哪个国家的名称被放在前面。

对于中国人来说，我们更多的时候是习惯将日本放在前面来表述的，所以，可以经常在各种媒体报道中，看到“日韩”这样的简称。但事实上，无论谁放在前面，都不能说明什么，因为无论在哪个方面，日本和韩国都存在着很大的差异，没有孰优孰劣之分。

文化贴士

北极风光

1）北极大陆的气候

北极是一个十分严寒的大陆，有着连绵的冰山和漫长的冬季。北极由于受北冰洋的洋流影响，冬季大约从每年的 11 月起，到来年的 4 月份才会结束，长达 6 个月之久。1 月份的平均气温介于 -20℃～-40℃，而最暖的 8 月份的平均气温也只能达到 -8℃。

在北极，一年只有“一天一夜”，也就是我们所说的“极昼”和“极夜”。在北极，一年当中有 6 个月的时间都是白天，还有 6 个月的时间都是黑夜。这么奇妙的现象，只有在地球的两极才会出现。

2）北极生活的人类

北极的生存环境十分恶劣，气温常常低至零下十几度，并伴有十分可怕的暴风雪，每年还有长达半年之久的黑夜。人类想要在北极生存并不是一件容易的事情，现在在北极生存的人我们称其为“因纽特人”，在爱斯基摩语中的意思为“真正的人”。

由于因纽特人生活的区域离我们十分遥远，所以每当提起因纽特人时，我们都会觉得他们十分神秘和原始。

据说因纽特人的祖先来自中国北方，属于蒙古人种，那么他们是怎么到达遥远的北极呢？一说他们是先从亚洲渡过白令海峡到达美洲，再从美洲一直向北到达北极。也有种说法是，当时地球进入小范围的冰冻期，整个海峡都被封冻起来，变成了一条可以直接在上面行走的冰封大道，因纽特人的祖先就是通过这条冰封大道到达北极的。

无论他们是怎样进入北极大陆的，单凭他们能够在北极大陆这么恶劣的气候中，学会对抗黑暗，对抗严寒，用自己的聪明智慧同庞大的鲸鱼和凶猛的北极熊共生存，就足以证明，因纽特人是一个顽强、勇敢和坚韧不拔的民族。

因纽特人的住房主要分为“石屋”“木屋”和“雪屋”。为了保暖，他们的房屋大约有一半都埋入地下，门口显得十分低矮。因纽特人家家户户都会养狗，因为雪橇是他们主要的交通工具，而狗则是雪橇不可缺少的“火车头”。他们主要的食物来源于狩猎，以动物的毛皮作为衣服，油脂用于照明和烹饪，以骨牙做工具和武器。

第二节
世界各国的留学热

目前，中国去国外留学的学生已经越来越多，而且越来越趋于低龄化。事实上，世界其他国家也都存在着不同程度的留学情况。

在加拿大，每年约有12%的大学生选择出国留学，但高中生出国留学的只占1%。

在伊朗，出国留学也很火热。据统计，2014 年，伊朗约有 15 万人到国外留学。伊朗政府十分支持学生留学，对 80 多个专业设置了专门的出国奖学金。

法国的留学生也非常多。虽然从传统上讲，法国的教育水平很高，不需要到其他国家去学习，但从 20 世纪 90 年代开始，欧盟委员会提出了一个伊拉斯谟教育计划（Erasmus Mundus），只要你读的是大学本科，就有权利去欧盟其他的成员国留学一年。但欧盟的成员国大部分都挨得很近，如果一个法国人去德国留学，周末就可以回家，就和我们湖南的学生去武汉上学差不多。

文化贴士

欧盟

欧盟是欧洲联盟或欧洲经济、政治共同体的简称。欧盟最初是由欧洲共同体发展而来的，它的总部设在比利时的首都布鲁塞尔。最初的创始成员国共有6个，分别是法国、意大利、德国、荷兰、比利时和卢森堡。如今欧盟已经有28个成员国，以及24种正式官方语言。

伊拉斯谟教育计划

伊拉斯谟计划是欧盟实施的一项高等教育交流措施，以荷兰哲学家德西德里乌斯·伊拉斯谟的名字命名，首创于2003年。伊拉斯谟计划主要用来促进欧盟青年在各国的流动，从而使各国建立一种良好的人才供需关系，也让更多的学生通过去其他国家留学，提升自己的技能水平和就业能力，从而使欧盟各国的失业率下降到最低，增强欧盟各国的整体经济竞争力。

在韩国，留学热相当严重。据韩东秀介绍，韩国的留学人数在世界排第三。如果你喜欢追星或是看韩国电视剧，你就会发现，很多韩国明星都是海归一派。韩国的很多家长都喜欢将自己的孩子送到国外去读书，这造成了韩国一种非常奇怪且普遍的现象出现，即“大雁爸爸”。

世界青年“说”世界

韩国的“大雁爸爸”

在韩国，为了让子女得到良好的教育，而甘愿把自己的孩子送到国外去读书，同时让自己的妻子也跟着陪读，自己则留在国内拼命赚钱，以维持国外的妻子和儿女的正常生活以及学费的爸爸们，被形象地称为“大雁爸爸”。

这群爸爸的身份有很多种，他们可能是大公司员工，也可能是医生、教授或者企业家，总之他们的收入相对较高，但是为了负担在国外的较为昂贵的开销，他们不得不把每个月的大部分收入都汇到国外，自己在国内过着节衣缩食的生活。

这群“大雁爸爸”幻想着有一天，自己的儿女能够学成归国，找到好工作，从此提高现有的生活水平。但事实上，他们的心愿总是很难达成，真正能够熬出头的“大雁爸爸”少之又少，大多数人最后换来的都是妻子的背叛或子女与自己的感情疏远。这也造成很多“大雁爸爸”最后都因为不堪生活重负而出现心理和精神上的疾病，有些严重者甚至还走上了自杀的道路。

不得不说，这样的一群“大雁爸爸”是很可悲的。

日本同样有很浓的留学文化。在 20 世纪 90 年代，日本外出留学的人，大部分都会选择去美国学习，而近年来，这样的趋势在下降，来中国留学的人却在逐年增加。这与近年来中国与日本在经济贸易方面的合作关系逐年增加，以及中国经济发展越来越好有关。

相比于其他国家越来越热的留学情况，近年来俄罗斯的留学人数却在锐减。这和俄罗斯的经济萧条有很大的关系。

我们都知道，在 2014 年末，卢布出现了大规模的贬值，从曾经的人民币兑换卢布的 1 比 5，变成了如今的 1 比 10。这就意味着，一个俄罗斯学生想要出国留学，他将会花费是以往时期双倍的学费。这对于一般家庭来说，压力是非常大的。很多无法负担学费的学生，只好选择回国学习。

第三节
去国外留学的困难

对于本期议题“不希望女儿高中就出国留学，是赞成还是反对”的表决，现场的嘉宾给出的结果是 5 票赞成、7 票反对。

虽然来宾郭家铭自己在很小的时候就出国留学，但他个人却并不太赞成在高中以前出国学习。在他看来，一个人在还没有足够的自制力以及健全的人生观时，就贸然出国留学是很不明智的选择；而且，年龄过小，在国外所遇到的困难要比成年之后再出国大得多。

意大利的罗密欧也同样觉得，出国留学不应过早，应该在先了解自己国家的文化之后，再去留学，这样在遇到不同国家的文化时，才能在保持自身优秀文化的同时，吸收其他国家的文化精华；不然，很可能会造成这个留学生对两个国家的文化都一知半解。

说到出国留学将会遇到的困难，现场的各国青年都给出了自己所认为或者所经历的困难，总结来说，大体上可以分为三点：

一是“语言”问题。

来到一个新的国家，你所见到的人，他们所说的语言你完全听不懂，这不但会给日常生活带来很多困难，同时也很有可能会闹出很多笑话。法国代表宋博宁就举了一个自身经历的例子：他初到中国，看到大街上有很多“中国人民银行”的牌子，他把“银”字误读成“很”字，不理解为什么中国人这么爱吹牛，满世界地夸自己“很行”。

加拿大代表詹姆斯说，他第一次和一个中国女孩约会，女孩问他“老家”是哪里。他认为“老家”就是指“父亲”，于是他回答道：“老家”以前是住在多伦多，但是现在住在美国。女孩对他说了两个简单的字——“再见”，就头也不回地离开了。

现在世界上许多国家的年轻人，包括我们中国的年轻人在内，都会学习英语。尤其是要到美国或者英国读书的人，必须要考过托福或雅思才可以。但事实上，即使是通过了这两项考试、成功去了国外留学的中国留学生，也同样会存在一些语言问题。

文化贴士

托福

托福全名“检定非英语为母语者的英语能力考试”，它是由美国教育测验服务社（ETS）举办的英语能力考试，中文音译为“托福”。TOEFL 一共有三种，分别是：pbt—paper based test（纸考，满分 677），cbt—computer based test （机考，满分 300），ibt—internet based test （网考，满分 120）。

TOEFL 从考试开始至结束，共有两年的有效期。托福主要备考资料为托福机经，又称民间托福答案题库。

2014 年 4 月开始，英国内政部结束了与美国教育考试机构 ETS 的合作，这也就意味着，英国将不再承认其旗下托福（TOEFL）和托业（TOEIC）两大英语考试的成绩。

雅思

雅思考试（IELTS），外文名为 International English Language Testing System，由剑桥大学考试委员会外语考试部、英国文化协会及 IDP 教育集团共同管理，是一种专门为打算到使用英语的国家生活学习或定居的人们设置的英语水平考试。

雅思考试分为两大类，分别是学术类（针对申请留学的学生）和培训类（针对计划在英语语言国家参加工作或移民的人士）。雅思考试分听、说、读、写四个部分，总分 9 分。

截至 2014 年，雅思考试已获得全球 135 个国家，超过 9000 所教育机构、雇主单位和专业协会、政府部门的认可。如今，每年有超过 200 万人次的考生参加雅思考试。

美国的孟天说，中国人在学习英语中所遇到的问题，主要可以概括为三点：第一是不愿开口，第二是发音比较夸张，第三是语感不对。想要学好一门语言，最重要的是要有一定的语言环境，因此能够开口和当地的人们交流，是非常有好处的。

所以，如果你已经出国留学了，就不要再待在母语环境中生活，要勇敢地走出去，和当地人交流。只有这样，才能在最快的时间里，提高自己的语言表达能力。

英语发音主要分为“英式英语”和“美式英语”。但你可能不知道，事实上还有一些国家，其英语发音与我们平时所了解的有很大不同。

例如日本，如果你去日本，最好不要和他们说英语，否则，痛苦的一定是你自己。因为在日本，是有“日式英语”的。

在“日式英语”中，规定了英文词的日语音译规则，这样一来，有些英文单词读起来与普通的英文发音差别不大，但有些单词的发音和英文发音有很大的差别。所以，英语国家的人去日本，很难听懂日本人说的是什么；日本人也同样听不懂英语国家的人所说的英语。

其实，中国人如果去日本旅游，还是有一定优势的，因为即使你不会说日语，说英语彼此又无法交流，你还可以选择将你想要说的话，用汉字写下来。这样，日本人或许就明白你所要表达的是什么意思了。

文化贴士

日文汉字

日本受中国的影响很深，文字就是一个方面。最初，日本是没有文字的，现在他们所使用的文字，是中国古代的时候传到日本的。所以现在的日本文字中，有很多汉字。

在日本，大部分日常所用到的名词和汉字都是一样的，所以，在日本你会看到很多学校、商店招牌以及医院等地方的名称，所使用的文字都是汉字。

日文汉字的写法与中文使用的汉字大同小异。有一部分日文独创的汉字，则称为“日制汉字”或“和制汉字”。《诸桥大汉和辞典》是最大的日文汉字字典，共记载接近 5 万个汉字，不过在战后的现代日文中，常用的汉字只有数千个（古典日文中则与繁体中文无异）。

说了日本的英语，就不得不再提一下泰式英语。之前网上流传过一位经常出入泰国的网友所总结的泰式英语的七个特点：

第一点，很喜欢省略介词。例如“我想去泰国”，他们就会直接说成“I want go Thailand”，而我们都知道，这句话正确的表达方式应该为“I want to go to Thailand”。

第二点，泰式英语是没有宾格的。例如“我喜欢她”，他们会说成“I like she”。

第三点，在泰式英语中，同样也没有时态和第三人称单数的变化。

第四点，形容词后置，所属格也后置。泰语是一种倒序型的语言，这导致泰式英语也出现了同样的情况。而且，在泰语中，是没有可数和不可数的区别的，所以，much 和 many 也没有任何差别。表示强调的时候，他们会经常将形容词与副词讲两遍。例如，“He put money many many here”，是比较常见的泰语说法，而我们都知道，这句话的正确表达方式应该是“He put much money here”。

第五点，在泰式英语中，通常不说 don't，喜欢直接用 no 来作为否定。例如“I

no have money”。

第六点，对于女性的称呼，在泰式英语中不存在 girls、women 等，只有 lady 这一种表达形式，当然也没有单复数的变化。

第七点，泰国人很喜欢用 same same 来表示非常喜欢。例如“You same same I”等。

总而言之，泰式英语也是一种非常有趣的语言。所以，你可以想象一下，当日式英语遇到泰式英语时，会是一种怎样有趣的场面。

主持人邀请了来自泰国的韩冰和来自日本的黑木真二，用英语即兴表演了一段“麦当劳店员与顾客”之间的对话。

显然，韩冰根本听不懂“日式英语”，而黑木真二也同样听不懂韩冰的“泰式英语”，就连在场的英语国家的布莱尔和孟天等人，也完全被这两个人的鸡同鸭讲给弄晕了。最后，“服务员”韩冰竟然把“粥”活生生地分解成了“大米”“水”加“火”，给“顾客”黑木真二上了一盒“米饭”、一瓶“矿泉水”，外加一个“打火机”，并请“顾客”到前台结账。

如果你是这位顾客，估计“想死”的心都有了。

在这段表演中，黑木真二犯下了一个小错误，那就是他将粥说成了“gruel”，但“gruel”这个词在英语中，一般指监狱里面的粥，而我们平时吃的粥应该称为“porridge”。

二是“钱”的问题。

首先我们应该知道，想要去国外读书，必然是要花费一笔不菲的费用的。

中国代表郭家铭说，他父母把房子卖了，才得以让他去国外学习钢琴。他到国外之后，又不小心把钱包弄丢了，幸好他的老师介绍他去一家餐馆打工，否则就被“饿死了”。

韩冰也同样认为，“钱”是去国外留学的一个基本保障。

三是“文化”问题。

如果你对当地的文化并不了解，那在日常交流中，难免会遇到问题。例如在伊朗，妇女出门要戴面纱。在信奉伊斯兰教的国家，尤其是阿拉伯国家，女人必须要以头巾、面纱等遮面。这是伊斯兰教的传统，他们认为，女人露出皮肤、脸庞会诱惑出世间的罪恶。虽然近些年由于受到外界思想文化的冲击，这样的情况有些改变，但如果你对当地的文化不了解，很可能就会遇到一些不必要的麻烦。

第四节

世界各国名校推荐

伊朗有一所全球最古老的医科大学——Gondishapur 大学，距今已经有 1700 多年的历史。

1700 年前，虽然欧亚大陆的许多地方仍然由罗马帝国统治，但这时的罗马帝国正处在由盛转衰的时期，罗马文化、自然科学得到空前的发展，唯心主义哲学在欧洲各国盛行，史学发达，法学、文学、建筑和雕塑艺术也表现出一派欣欣向荣的景象。那时，中国也刚刚由西晋结束了三国的纷争。

文化贴士

1700 多年前的欧洲与中国

欧洲（公元元年～ 400 年）

罗马帝国是古罗马由“共和时代”进入“帝国时代”之后的一个阶段，从表面上看，国家大事仍然由元老院主持，但事实上，皇帝已经独揽大权。虽然早期的皇帝并没有正式称帝，但是实际上已经具备帝制的特点，整个政府基本上是由皇帝一个人在统治。

屋大维建立罗马帝国后，并未公开实行帝制，而是对外宣称恢复共和制，自称共和国的“第一公民”、元老院的首席元老（即元首，这也是元首制的来源），但实际上，他已经成为独裁的统治者。

公元前 27 年，元老院授予屋大维“奥古斯都”称号（意为“神圣的”“高贵的”），用来称赞他的功绩。因此，屋大维是元首、统帅、终身执政官、首席元老、大祭司长，独揽军事、司法、行政、宗教等大权，实际上与皇帝没有区别。罗马共和国已被罗马帝国完全取代。在这期间，国力强盛、国家稳定、经济繁荣，是罗马帝国的“黄金时期”。

公元 235 ～ 284 年，罗马帝国内忧外患，逐渐衰落，变得四分五裂，后来，戴克里先实行四帝共治政策，混乱的局面才得以缓解。到君士坦丁大帝时，又使帝国重新得到了统一。但公元 395 年，狄奥多西一世将帝国分给两个儿子，罗马帝国自此分裂为东西两部分。410 年 8 月，罗马城被西哥特人攻陷，西罗马帝国皇帝沦为高级将领的傀儡。476 年，日耳曼首领奥多亚塞废黜西罗马帝国皇帝罗慕路斯·奥古斯都，西罗马帝国灭亡。东罗马帝国（拜占庭帝国）则在 1453 年 5 月 29 日被奥斯曼帝国苏丹穆罕默德二世灭亡。

亚洲（公元元年～ 400 年）

公元 25 年，刘秀建立了东汉政权，定都洛阳，沿用前朝的国号，实行息兵养民政策，使得经济、政治、文化达到了一个新的高度，开创了“光武中兴”。之后，由于太后称制、外戚干政，幼年继位的君主需要依靠宦官才能亲政，导致朝政日益腐败，国力衰退。

桓灵帝在位时期，荒淫无道、横征暴敛、卖官鬻爵，农民在多重残酷压榨下苦不堪言。

公元184年，爆发黄巾之乱。公元185年，董卓趁势而起，成为朝廷实际的掌权者，并由此揭开了东汉末年军阀混战的序幕，东汉政府名存实亡。公元220年，曹丕称帝，建立魏国，东汉灭亡，中国进入三国时期。从公元220年曹丕建魏，到公元589年隋统一，是中国历史上封建国家的分裂和民族大融合时期，也就是我们常说的“三国两晋南北朝”时期。

这段时期，中国在文化、科技、军事等方面都取得了显著的成就。郑玄将经学推向高峰并开创了郑学，班固著《汉书》，蔡伦改进造纸术，张仲景完成《伤寒杂病论》，张衡发明地动仪和浑天仪，两晋的书画艺术、陶渊明的田园诗都达到了巅峰，同时，佛教开始传入中国并盛行。

泰国国立法政大学始创于1933年，1934年被批准成为法学与政治学方面的“开放大学”。1952年，正式成为泰国国立法政大学，1960年成为一个有严格入学要求并需要通过入学考试才能就读的正规大学。它是泰国最为古老的大学之一，被誉为“总理的摇篮”。这所学校在曼谷的市中心、湄南河畔，风景非常好，对面就是皇宫，还有夜市，在这里能够很好地享受生活。但由于泰国是一个佛教国家，所以在大学校园里也有许多禁忌：

一、泰国人把头部当作是一个人最为神圣的地方，因此，在和你的泰国同学开玩笑时，千万不要随便触摸他的头部。也不能用你的脚指着别人，特别是脚底不能对着佛像，也不要用脚开门关门。给人递东西要用右手，不应用左手。

二、在校园的公共场合，男女同学不宜做出十分亲密的动作。如果你留心观察，就会发现，泰国情侣在公共场合连手牵手的情况都很少见。

三、泰国人在面对他人的时候，总是面带笑容，彬彬有礼，很少看到有人大声喧哗，或是吵架。因此，你在同他们说话的时候，应当尽量压低嗓门，无论发生什么事，也不要当众发脾气。

四、泰国禁赌。即使在酒店房间里也不要打牌打麻将。

五、泰国人非常爱清洁。随地吐痰、扔杂物被看作是非常缺乏教养的行为。泰国人还非常注意整洁，因此，无论外出还是在酒店，都应注意保持整洁。

六、在泰国生活，一定要注意保护野生动物，不要购买用野生动物制成的纪念品，也不要光顾那些提供野生动物饭菜的饭店。在泰国，屠杀野生动物进食是犯法的。

世界青年“说”世界

泰国八大夜市

1. Khao San Market(考山路夜市)

考山路是泰国首都曼谷的一条街道，英文为Khao San Road。这条街上有许多背包客，大街两旁的夜市有许多都是卖吃的，特别热闹。考山路两边全是酒吧，如果你在大街上行走，能听到酒吧里传出来的很大的音乐声。这些酒吧都放置着大大的液晶电视或者投影电视，酒吧的消费一点也不贵，一瓶啤酒大概只需要50泰铢。一些露天酒吧不但提供酒水，还可以点菜、要炒饭和沙拉，而且价格都很便宜。

2. Asiatique The Riverfront（河边夜市）

曼谷河边夜市，位于曼谷 Charoen Krung 路，这是整个泰国最长的河边公路。想要去这里，可以在傍晚时分在 Span Taksin 坐船，每天下午 5 时起，每半个小时会有一班船免费送客人去夜市，末班船为晚 11 时。河边夜市与其他夜市有所不同，它的主打风格为“怀旧仿古”，一间间店铺坐落在仿古式的旧货仓里。

3. Silom Night Market(是隆夜市)

据说这是曼谷最早开发的观光夜市，本地人很少，出售的商品主要是衣服、工艺品、皮包之类，夜市两侧是各式的钢管舞酒吧。因为主要是针对旅游观光的客人而开放的夜市，所以面积很小，十几分钟就能转一圈。

4. Saphan Phut 夜市

位于卧佛寺(Wat Po)旁的纪念碑大桥(Memorial Bridge)，桥下沿着招披耶河两岸，有大约三四百米长的平价夜市，就是Saphan Phut夜市。这个夜市星期三不开。Saphan Phut夜市，算是当地人“土生土长”的夜市。由于那里的交通不太便利，所以几乎没有观光游客会去。Saphan Phut夜市所贩卖的商品以服饰类居多，其次是居家类的生活用品，所贩卖的服饰在款式和质量上不太令人满意，但价钱却非常便宜。来这里，可以看到一般泰国人吃什么、穿什么和用什么。

5. Patpong Night Market（帕蓬夜市）

这是曼谷最有名的“观光”夜市，是针对观光游客而发展兴旺起来的一个夜市，这里的消费者百分之九十九都是外国的观光游客。帕蓬夜市是沿着Silom大马路一侧所发展出的夜市，红砖道的两旁有无数的摊贩，卖的商品也都是观光游客感兴趣的衣服、包包、鞋子、银饰、工艺品、盗版CD和 DVD、手表、打火机等。商品的种类五花八门，保证会有令你感兴趣的商品，但质量一般，正牌货几乎没有，而且价钱还不便宜。帕蓬夜市还是有名的色情风化区，顺着Silom路走下去，往两旁延伸的巷子里有同志酒吧、A-GO-GO Bar(钢管舞酒吧)、人妖A-GO-GO Bar、一整排专门服务日本客人的日式酒店、各种另类色情SHOW等，店家还会派出服务生在路边拉客。这是一

个鱼龙混杂、充满欲望的地方，建议青少年最好不要去帕蓬夜市。

6. Huai-Khwang（辉煌夜市）

Huai- Khwang 夜市只有短短的八九百米，可买的商品不多，但好吃的东西绝对不少。因为这里的消费者大部分都是泰国人，所以不会有价钱灌水的现象。中国的东

北菜馆在这里非常有名，总是座无虚席，还需要排队；这里还有猪脚饭、泰式炒粿条、炸鸡、炸鱼、面摊等。如果你是个“吃货”，Huai- Khwang 夜市绝对是个好去处。

7. Khlong Thom（隆通夜市）

Khlong Thom 夜市的商品物美价廉，但只在星期六和星期日开放，是曼谷最大、最草根的夜市。在这里，手指虎、刀械、婴儿玩偶会摆在同一摊位贩卖，二手电视、冷气机、洗衣机、计算机、工具零件也搬进来，比人还重的商品也可以在夜市便宜地买到带回家。满摊的遥控器、大小齐全的机车避震器……如此工业革命气息浓重的夜市还卖大提琴、吉他、神像和国王圣照，各种商品真是让人眼花缭乱。

8. Ratchada Night Market（拉查达夜市）

Ratchada Night Market 只在星期六晚上开，在曼谷 Ratchadapisek 地铁站外的停车场上，就能见到人头攒动的当地人及游客穿梭于二手牛仔裤、皮包、旧相机、家具、汽车配饰等货物中间，期望买到物美价廉的商品。Ratchada Night Market 最初是二手踏板车和汽车部件交换的场所，后来逐渐发展成二手汽车和时装销售地。游客在这里不仅能体验到讨价还价的乐趣，也能通过这扇窗口了解当地文化。

世界上有两个柴可夫斯基音乐学院，一个是“莫斯科国立柴可夫斯基音乐学院”，另一个是“乌克兰国立柴可夫斯基音乐学院”。

这两所大学都是学习音乐的知名学府。莫斯科国立柴可夫斯基音乐学院建于1866 年，是目前世界上最优秀的音乐学院之一，是欧洲音乐学院联盟成员。在这所学校里学习和工作过很多杰出的音乐家，如塔涅耶夫、拉赫马尼诺夫、斯科里阿宾、

乌克兰柴可夫斯基音乐学院

斯维什尼科夫、吉列尔斯、奥斯特拉赫、里赫杰尔、罗斯特罗颇维奇等。乌克兰国立柴可夫斯基音乐学院同样在世界上非常著名，它成立于1913年，是政府重点支持的音乐学院，现在已逐渐成为欧洲著名的音乐学府。该学院在世界音乐艺术方面取得了卓越的成就，知名校友有柴可夫斯基、拉赫玛尼诺夫、涅高兹、格拉祖诺夫、鲁宾斯坦等。这所学校为乌克兰文化，乃至世界文化的发展都做出了巨大的贡献。

来自法国的宋博宁呼吁大家都去法国留学，因为法国的公立大学每年只收取注册费450～500欧元，不收学费。相较于英国、美国等世界优秀学府的高昂学费，法国的众多公立大学的确是不错的选择。例如闻名世界的坐落于法国罗讷－阿尔卑斯大区首府里昂市的里昂大学，是一所历史悠久的综合性公立大学，也是法国第二大高等教育和研究中心，是法国东南部地区最大的高等学府。

日本的东京大学，简称东大，是日本最高的学术殿堂和帝国大学之首，在全球享有极高的声誉。截至2014年，东大已经培养出了1位菲尔兹奖得主、6位沃尔夫奖得主、8位诺贝尔奖得主和16位日本首相等众多知名人士。能够进入东大学习，是一件非常荣耀的事情。

如果你看过日本的电视剧或者日本动漫，对“东大”这两个字一定不陌生。在大多数的日本人心中，都是以能够考上“东大”为学习的最终目标。然而，从这样一所世界知名、在亚洲更是数一数二的名校毕业的日本女生，却羞于向外人承认自己是从东京大学毕业的。因为在她们看来，她们的高学历会让日本的男人感到有压力，尤其在对方比她们学历低的时候。

提到日本的大学，不得不提一件很有趣的事情。不久前，在网络上有一组十分有趣的照片，一位生活在日本的俄罗斯小伙儿，在网络上晒出了一组照片，瞬间引发了网友们的热议。

这位男孩身高有 1.92 米，但日本的建筑总体来说比较矮，房间的

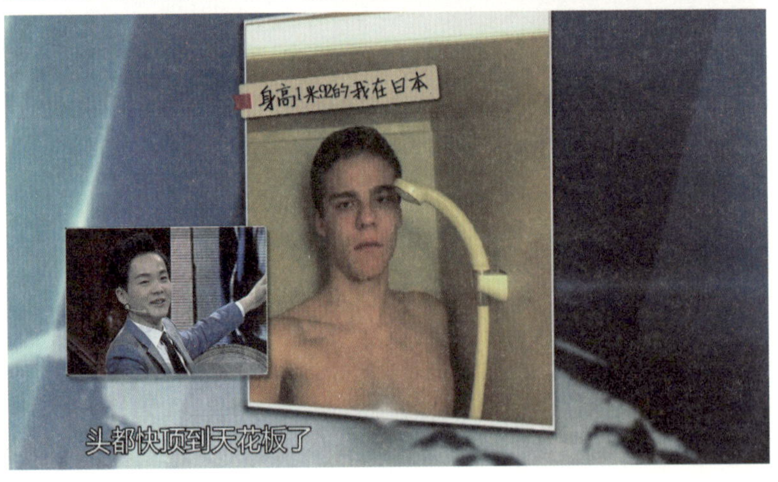

吊灯差不多和他一般高，走进屋子里，吊灯就直接扑到了脸上；如果站在浴室，头差不多就顶到天花板了。

之所以会出现这样的情况，其实和日本人的身高普遍偏低有关。据调查显示，日本男子在1950年时，平均身高只有160.3厘米，即使到了2010年，也才为171.5厘米，因此建筑高度整体偏低也可以理解。而俄罗斯人在我们的印象中，普遍都是非常高大、威猛的，所以当身高为1.92米的男孩出现在日本时，会有这样的情况也就在意料之中了。

美国有世界上排名第一的哈佛大学。哈佛大学（Harvard University）坐落于美国马萨诸塞州的剑桥市，是一所享誉世界的私立研究型大学，是著名的常春藤盟校成员。这里培育出了8位美利坚合众国总统，上百位诺贝尔奖获得者曾在此工作、学习，哈佛大学在文学、医学、法学、商学等多个领域拥有崇高的学术地位和广泛的影响力。

哈佛大学有 90 多个图书馆，是美国最古老的图书馆，也是世界上藏书最多、规模最大的大学图书馆。

哈佛大学图书馆体系拥有 1500 多万册图书，包括 90 多个不同专业的学术分馆，分别设立在波士顿地区、华盛顿特区、意大利的佛罗伦萨市及世界其他一些城市，仅在哈佛大学校本部就有 49 所分馆。

其中，Widener Library 是哈佛大学校本部最大的图书馆，拥有 10 层藏书库的馆舍宏伟壮观。与 Widener Library 相邻的是地图、档案及戏剧博物馆，珍善本图书馆 (Houghton Library) 和勒蒙特本科生图书馆 (Lemont Library)。Widener Library 收藏的文化资源多来自于欧洲和美洲一些国家，如英国、德国、法国、希腊等，有世界上 100 多种语言的原著。馆藏资源覆盖学校各个学科，尤以医学、电子电讯、化工、机械、经济管理、语言文学、哲学历史、人类学等最为丰富。同时，还设有中东、中亚 60 多个国家和地区的研究室，分别用 45 种语言著成的书刊及丰富多彩的缩微平片和视听资料，为学术研究和文化交流提供了丰富的资源。

此前，网络上一直传言“哈佛大学图书馆的 20 条训言”，甚至曾经出版图书《哈佛图书馆墙上的训言》，但是事实上，哈佛大学图书馆并没有描述中的 20 条训言，这些都是网友杜撰的。

第四章

世界各国的浪漫爱情

播出日期：2015 年 4 月 23 日

爱情是一件美好的事情，是人类永恒赞美的主题。我国古老的《诗经》中有“死生契阔，与子成说；执子之手，与子偕老”的优美诗句，宋代词人柳永的“衣带渐宽终不悔，为伊消得人憔悴”也描绘出了人们对爱情的向往和执着。

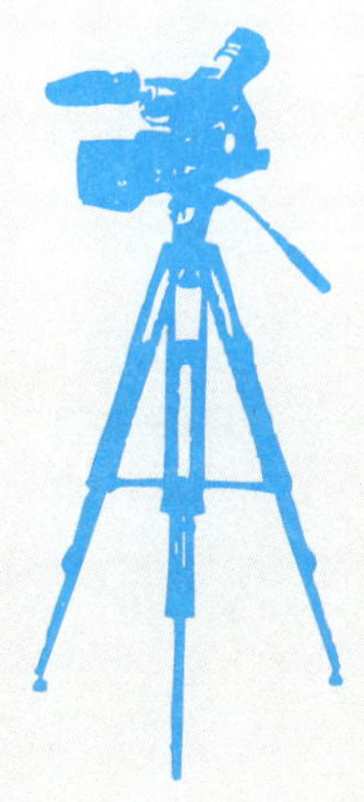

本期嘉宾提案：

在爱情中，生性慢热的我觉得细水长流才是爱情应该保持的状态，甚至认为至少恋爱三年以上才可以结婚。想问这样的我，是正常还是不正常？

第一节
你能接受“闪婚”吗？

有些人在恋爱过程中，和对方见过几次面就会深深地爱上对方，然后以迅雷不及掩耳之势举办婚礼，这就是我们所谓的“闪婚”。

“闪婚”在有些人看来，不过是由于两个人的一时冲动，就像“蛤蟆看绿豆——对上眼了”。

澳大利亚的安龙认为，爱情是绝对存在的，两个人之间要么有，要么就没有。爱情不是可以慢慢培养出来的东西，今天培养到 50%，过一段时间培养到 70%。

安龙的这种爱情观就是我们所说的“一见钟情”，第一次见面对上了眼，就会选择无怨无悔地共走一生。

但“一见钟情”有时候对婚姻是没有好处的，在你还没有完全了解对方的前提下，就选择和对方结婚，是不理智的。所以各国青年纷纷反驳安龙，说爱情和婚姻是两码事，爱情可以“一见钟情”，但婚姻总是需要一个缓冲期，只有在一起的时间长了，彼此都更加了解，这时才可以谈婚论嫁。英国的布莱尔认为，要不要结婚，要不要和这个人白头到老，是需要用时间慢慢去思考的。

来自美国的活泼大男孩孟天说，爱情是人类丰富情感的体现，人的感情是很复杂的，并不能用时间去量化爱情，不能规定两个人必须恋爱三年以上才可以结婚，确实有许多人只认识了几天就选择了结婚，但他们也一起生活了一辈子；相反，也有许多人在一起十年了才结婚，但是第二天就离婚了。美国的拉斯维加斯就是全球闪婚最多的地方。

文化贴士

美国的拉斯维加斯

拉斯维加斯（Las Vegas）这座城市，位于美国内华达州西部，它是内华达州最大的城市，地处内华达沙漠边缘，周围环绕着1000～3000米的高山，属于被荒凉的石漠和戈壁地带包围的山谷地区，雨量很少，夏季炎热，冬季寒冷多风沙，偶然的暴雨会导致洪水。拉斯维加斯建市于1905年5月15日，拥有数以万计的娱乐、赌场、进餐、夜生活及其他休闲场所。

赌博业是拉斯维加斯的特色产业，然后就是庞大的旅游业。到拉斯维加斯的游客多数是来赌博的，再者就是旅游和举办婚礼。拉斯维加斯风景优美，林立的摩天大楼透露着现代大都市的生活气息，使其拥有“世界娱乐之都”和“婚礼之都”的美称。

拉斯维加斯有50多家教堂，每年都会有大批的游客来这些教堂举行婚礼。来这里举行婚礼非常简单，既不需要等待，也不需要验血，而且婚礼设施非常齐全。这里举办婚礼的花样和种类繁多，可以举行亦梦亦幻的海底婚礼，也可以举行“热气球”式的空中婚礼，当然最多的时候是举行穿正式礼服的西方婚礼。

主持人李好和晓敏也在拉斯维加斯举行过婚礼，当时李好因为节目拍摄受伤了，教父还以为他是真的瘸，所以很好奇，晓敏为什么要跟一个瘸子结婚。而且当时因为时间紧迫，根本来不及去租婚车，“抠门”的李好看见别人租用的婚车，就拉着晓敏站在车旁边，“假装”一下，拍下了自己幸福的结婚照片。晓敏介绍了他们从相知相恋到结婚，再到现在的心路历程。这个过程也适合我们大部分人，刚开始相恋的时候，疯狂地想要在一起；过了很多年之后，也会质疑当初的选择；渐渐地变成了一家人，又觉得很珍惜彼此的感情。

中国代表张玉安也发表了对闪婚的看法，也代表了我们很大一部分人的看法。“一见钟情”的现象肯定是存在的，但结婚并不是一件简单的事情，结婚还要更多地考虑双方的家庭以及对未来的规划等现实问题，所以结婚这件事情还是需要用时间去慢慢“考验”的。

第二节

父母如何给孩子上好“爱情教育课”？

我们中国是一个相对保守的国家，对孩子的“爱情教育”几乎没有，也十分避讳跟孩子谈这方面的事情。上初中时，父母就警告我们“不许早恋”。上高中时，父母还是警告我们“不许早恋”。好不容易上了大学，父母却说：“等毕业后，有了工作再谈恋爱。”可只要我们一参加工作，父母就会天天地催我们，赶紧把婚结了。

结婚又岂是那么容易的事情？所以，很多参加工作的年轻人，最讨厌的事情就变成了放假回老家。因为每次回去，总免不了会被家里的长辈们催婚。

在中国古代，男女之间的婚姻都是“父母之命，媒妁之言”。森严的封建等级制度，让无数男女失去了选择“爱”和“被爱”的权利，这种制度不尊重男女双方的意愿，造成了许多爱情悲剧。

例如，《诗经 · 卫风 · 氓》中就有“匪我愆期，子无良媒”，可见在中国古代，“无媒不成婚”已形成了一种约定俗成的规矩。据说，中国最早的媒人是女娲。据《路史 · 后纪二》中记载：“以其（女娲）载媒，是以后世有国，是祀为皋禖之神。”

文化贴士

中国古代“媒人”的叫法

《诗经·豳风·伐柯》中有诗句：“伐柯伐柯，匪斧不克。取妻如何？匪媒不得。”所以，后世又称媒人为“伐柯人”，称提亲为“伐柯”，称做媒为“执柯”。

古时还称媒人为“冰人”或“大冰”。这来自一则传说。在晋代，有一个叫令狐策的人，有一天他梦见自己站在结冰的湖面上，与冰下的一个美人说话。醒来后，他觉得奇怪，就找来一个擅长解梦的人，问他这个梦是好事还是凶事。解梦的人说：“冰上代表阳，冰下代表阴。阴阳事也。你在冰上面，与冰下的美人说话，只是中间隔着一层冰，你的话美人没有听到。你赶紧找个媒人，不久之后你将有一桩美好的婚姻。”

令狐策听了这个解梦人的话，果然不久之后就娶到了一个美丽的妻子，所以后世又称给人做媒为“作冰”。

大约到了唐代，民间神话中又出现了专司婚姻之神——月下老人。

元代王实甫的《西厢记》，塑造了聪明活泼、助人为乐，为撮合张珙、莺莺成为一对而不辞劳苦的丫环红娘。因为这个形象受到了世人的喜爱和广泛传诵，因此后人常常把媒人称为“红娘”。

明清时期出现了“媒婆”一词，主要指以给男女介绍婚姻为职业的妇女。但因为这些媒婆常常夸大其辞，说出的话往往名不副实，所以，“媒婆”一词略带贬义。明·陶宗仪《辍耕录》中所谓的“三姑六婆”，通常是指那些夸夸其谈、不务正业的女人。

在加拿大，儿子得到的“爱情教育”大部分来自父亲。詹姆斯说在他长到了13岁的时候，父亲就会提醒他，该去找个女朋友了；15岁的时候又告诉他，在大部分的情况下应该对女孩子很绅士，但有些时候就需要很野蛮，不能什么问题都征求女孩的意见，如果想亲吻一个女孩，千万不能询问女孩，直接亲吻她就可以了，否则，会让女孩觉得你没有男人味。

英国人相对来说显得比较保守，英国的父母只是简单地问一下儿子有没有喜欢的女孩，如果没有，就告诉他们有的时候一定要通知父母。这让对男女爱情还不太懂的孩子有些时候很尴尬。

美国人的爱情教育则很开放，就像百老汇著名的歌舞剧《发胶》中讲的那样：只要有爱情，不管你是瘦子还是胖子、黑人还是白人，都可以在一起。

看到这样的话，不禁让人联想起以前的美国。在 20 世纪中期以前，美国的种族歧视非常严重，不要说黑人和白人能够结合在一起，就连站在一起说话，都几乎是不可能发生的事情。因为那时的黑人是没有地位的，早从 1619 年，第一批非洲黑人被运到新大陆开始，黑人便作为奴隶在美国长期备受歧视与奴役。

1955—1968 年，非裔美国人为了争取自己的合法权利，进行了一次民权运动，这次民权运动被称为“美国黑人民权运动”或“非裔美国人民权运动”。当时领导黑人民权运动的灵魂人物是马丁·路德·金，他在 1963 年于华盛顿林肯纪念堂发表的著名演讲《我有一个梦想》被收入我国中学教科书。

直到 1964 年美国国会通过《民权法案》，禁止在公共场所实行种族隔离和歧视政策，美国才从法律意义上还黑人以平等权利。1973 年 11 月 30 日，联合国通过《禁止并惩治种族隔离罪行国际公约》再一次明确宣布，凡犯有种族隔离行为的组织、机构或个人即为犯罪，应负国际责任。

文化贴士

音乐剧的代名词——“百老汇”

百老汇其实是美国的一条大道——百老汇大道（Broadway），是纽约市重要的南北向道路，南起巴特里公园（Battery Park），由南向北纵贯曼哈顿岛。由于道路两旁分布着许多著名的剧院，是美国戏剧和音乐剧的重要发祥地，因此“百老汇”成为音乐剧的代名词。

百老汇的历史可追溯至 19 世纪初。当时的百老汇大道就已经成为美国戏剧艺术的活动中心，建立于 1810 年的 Park Theater（帕克剧院）是现今百老汇剧院的始祖。

百老汇大道每年有几百万来自世界各地的游客，这些游客大部分是来欣赏百老汇的歌舞剧。百老汇大部分的剧目改编自小说或文学作品。在美洲人眼里，百老汇的剧目是歌剧、戏剧，属于美式歌剧；但在其他大洲，如欧洲、亚洲，喜欢把百老汇叫成音乐剧。

百老汇大道是世界上最出名的大街之一，全长共计有24公里之长，是美国最长的一条街。其最出名的一段叫作“白色大道”，这一段路虽然只有1000米长，却是纽约市大剧院的集中地。在没有霓虹灯的年代，各大剧院的灯光都是白色的，一到晚上，就会把夜晚照得像白天一样，“白色大道”也因此得名。

第三节
各种各样的表白方式

在中国的大学校园里，我们见过最狗血的表白方式，是一个留着一头长发、戴着一副眼镜、抱着一把吉他的男生，对着心爱的女生唱《栀子花开》。男生总是要学点才艺或者锻炼下身体来吸引女生。假如真的遇到了心爱的女生，我们该如何做呢？是通过言语直接向对方表达出来，还是选择其他的一些方式呢？这还真是一件值得思考的事情。

纵观近些年来，校园里的男生在向自己心仪的女生表白时，大多数都选择了写情书或者传纸条等比较羞涩、隐晦的方式，再有就是直接拦住对方，当面说出来。不过，如今有了互联网，男女生表白的方式也有许多不同了。

看似很开放的美国，在男女表白这件事上，反倒显得过于隐晦了。因为美国的男女之间不会明确地说出自己喜欢对方，在他们看来，只要两个人天天待在一起，保持着一种相知相恋的感觉，彼此心中就已经明白了一切，或者说，对彼此的关系已经了然。他们认为，两个人在一起没必要明确说出来，直接问女孩“你愿意做我的女朋友吗”这句话，更是没有必要和对方说，只要感觉对了，就自然而然地在一起了。

意大利人认为，一定要明确地告诉女孩，你喜欢她，要让她做你的女朋友。这样明确的表白，可以证明你对自己很有信心，不怕女孩的拒绝，也可以证明你对这段爱情是认真的。

泰国也是需要向女孩表白的，但他们表白的方式不是真接说“我喜欢你”或者“你愿意做我的女朋友吗”之类的话，而是说：“咱们去拜佛吧！”因为泰国是一个佛教国家，共同拜佛，意味着两个人愿意一辈子做善事。

在中国人的传统观念里，男生应该主动向女生表白，所以说，明确地告诉女孩“咱们交往吧”，这很重要。

世界青年“说”世界

泰国十大著名佛寺

佛教是泰国的传统宗教，是泰国的国教，是泰国人的生活重心。来到泰国，无论在哪里，你都能感受到浓厚的佛教气息。泰国的国民，到了一定年龄都要出家，不过时间不会太长，通常为一周至一个月。在这段时间里，他们每天会在清晨出外托钵，过了中午，便不再吃东西。

在泰国，寺庙是主要的社会教育和慈善机构，它有很多的社会功能，如供奉僧侣、信徒朝拜、摆设历史文物、接待外宾和游客，还收留社会上无法生活的鳏寡孤独等穷人。

泰国的寺庙和中国传统意义上的寺庙有很大的不同，这里的寺庙都修建得非常漂亮，不是飞檐陡顶，就是尖尖的锥塔，上面贴着贝壳、亮片，或涂上金粉，远远看去，巍然壮丽，金碧辉煌。单纯从外表看上去，甚至会让人误以为是一座宫殿。

泰国的庙宇最初是为了让僧人诵经修道，但数量一多，又慢慢地演变成为一种文化。它吸纳了泰式建筑的风格，体现着东南亚一带小乘佛寺的特点，形成了鲜明的特色。去泰国旅游，有十大著名佛寺，是你不得不去的地方。

1. 柴瓦塔那兰寺

柴瓦塔那兰寺又称贵妃寺，位于泰国中部的艾尤塔雅历史公园。它是公园所在的大城府最雄伟美丽的寺庙之一，也是一个旅游胜地。

1630 年，大城王国的巴萨通王为了纪念他居住在该地区的母亲，下令开始建造这座寺庙。整座佛寺采用当时较为流行的高棉风格。塔群的中央是一座高棉式的大塔，四周有 4 座小塔，再外围则有 8 座更小的塔及门。13 座高塔的周围围绕着 120 尊坐佛，8 座小塔中端坐着 12 尊大佛。

2. 玛哈泰寺

玛哈泰寺坐落于泰国最古老的都城阿瑜陀耶古城的中央，是该城的中心佛寺。玛哈泰寺的周围环绕着沟渠。这座寺庙是从印拉第王时期开始建造的，直到1345年的李泰王时期才完成。

这座寺庙属于皇室宗庙，寺中原有209座塔、10处僧院，但大部分都已经被毁坏，如今仅存一些地基。寺内有中央塔台，四周是有四面佛龛的小佛塔和庙堂样式的佛塔。中央的佛塔是用红土建成的，再在外面涂上灰泥粉饰。莲花花蕾状顶端佛塔被称为素可泰式，和其他国家的佛塔有区别。

3. 那普拉门寺

那普拉门寺位于皇宫正北侧的护城河外，是大城为数不多的未遭战火蹂躏的寺庙之一，里面保存着历史非常悠久的泰式建筑。这座佛寺最大的特点是里面的佛像都身着华丽的皇家服饰。在众多佛像中，有一座是用黑木雕成的。

4. 菩斯里善佩寺

菩斯里善佩寺所处的地方，原本是艾尤塔雅的皇宫，后来在1448年，包若玛特罗卡纳王将皇宫移至他处，这里才成为了一座佛寺。

这座寺庙中除了三座可观的大塔外，从东边残破的僧院中，仍可看见莲花柱头装饰的支柱，以及具有艾尤塔雅特色的条状窗与方格窗。

5. 布帕兰寺

布帕兰寺位于清迈，它的规模不大，主要庙宇呈亭台楼阁样式，金碧辉煌、宁静圣洁。尤其是建筑细节上更是精雕细琢，每个屋檐上的勾角、每处门廊上的雕花、每个佛像上的饰物，小到悬挂在佛塔上的风铃，都是精致入微、异常出彩。

6. 帕南琼安寺

帕南琼安寺位于大城府的南部，在大城建都之前就已经存在。寺庙中的主佛像称为Phrachao Phananchoeng，建于1325年，是用水泥浇筑而成的。这座高19米的巨大佛像表现了佛祖征服妖魔的情景，深受当地居民的敬仰。

7. 部代沙旺寺

部代沙旺寺在大城主岛南侧，标志是一组国王铜像，五位古代的国王一字排开，看起来十分有气势。通过布满佛像的回廊，即可看到一座白色的高棉式佛塔，在蓝天白云下熠熠生辉。这座佛塔始建于14世纪，但后期被火烧过，虽经修复，但仍然可以看到火烧的痕迹。

8. 拉嘉布拉那寺

这座寺庙以其宏伟的宝塔而知名。宝塔建于1424 年，是大城王朝的七世王所建。相传寺庙里埋葬了以前的国王和王子。

9. 苏望达拉郎寺

这座寺庙曾被缅甸人彻底毁坏，现在我们所看到的是曼谷王朝的初代王拉玛一世的父亲建立的寺院，后来拉玛一世将这里进行了重修，并将其定为王室寺院。

主殿中美轮美奂的壁画绘于150多年前，描绘的是佛陀的生活。此外，正殿内还有由拉玛七世下令绘制的壁画，展现的是纳莱颂恩王统治时期的景象和他一生的伟绩，其中有一幅壁画反映的是爆发于1593年的大城与缅甸之间的依萨瑞战役，画风充满了西洋绘画风格。

10. 业柴孟寇寺

自曼谷前来即将抵达大城时，右手边远远地便可看到一座72米高的巨塔，是大城现存最高的佛塔，这就是业柴孟寇寺的所在。

巨塔是16世纪泰王打败缅甸军后在寺中央兴建的，名为 Yai Chai Mongkhon，有“大、胜利、吉利”的意思。锡兰式的佛塔周围环绕着无数佛像及一座姿态优雅的卧佛，一派祥和庄严的气氛。

第四节
“相亲”文化和爱情中“最浪漫的事”

以前，在男女的婚姻问题上，我们中国主要靠“媒人”来沟通，而现在年轻人则大多数都会选择通过“相亲”来选择自己的另一半。

英国有类似相亲的活动，叫作“速度约会”。你只需要用三分钟的时间来简单介绍一下你自己，如果女孩觉得你合适的话，就和你发展。

德国完全没有这种活动，因为德国人一般都比较保守、含蓄，比较认同我们中国的相亲文化。当然也有人认为，现在科技这么发达，用手机可以下载许多交友软件，根本不需要去相亲。

我们中国的爸爸妈妈和更早的爷爷奶奶，大多数都是通过相亲认识的。在伊朗，相亲也是他们的主流文化，90%以上的伊朗人都是通过相亲找到真爱的。伊朗不但有相亲，还会在结婚之前，要求男女双方做全身检查，并参加市政府开设的结婚课堂。在课堂里，会告诉你，为什么要结婚，怎样生小孩。

爱情往往都会有令双方感到“触电”的一刹那，也就是通常我们所说的“最浪漫的事”。

来自澳大利亚的安龙说，他做过的“最浪漫的事”，是他在意大利出差，给远在中国的女友打电话，突然就感觉好想见自己的女友一面，于是他立刻从意大利坐飞机赶回中国，同女友见面。他从意大利到中国来回花了 32 个小时，但同女友见面的时间只有 1 个小时，他觉得这样做很值得。

在我们看来，花 30 多个小时只为了见一面，是有点不可理解的，主持人晓敏就十分心疼钱，觉得这样做太浪费钱。但是，来自意大利的罗密欧完全赞同安龙的行为，说浪漫是不可以策划的，真正的浪漫发自内心。

世界青年“说”世界

世界十大浪漫之都

第一位：巴黎

浪漫指数：10

说到浪漫这个词，一定会有很多人想到巴黎。作为国际的浪漫之都，巴黎会让你忘记一切，让你完全沉迷于浪漫的情怀之中。塞纳河、圣母院、埃菲尔铁塔，都会告诉你什么才是真正的浪漫。

第二位：洛杉矶

浪漫指数：9.5

说起洛杉矶，就不得不提著名的好莱坞电影。那里有大众所熟知的著名电影演员，也有最为我们所推崇的浪漫爱情故事。没有人能够拒绝这里的好莱坞式浪漫情怀，只要你来到这里，你就一定会深陷其中，希望自己就是浪漫爱情电影中的主角。

第三位：伦敦

浪漫指数：9

虽然英国人普遍十分严谨，但在每年的情人节，英国人所送出的卡片却是全世界最多的。1999 年的电影《诺丁山》和 2003 年的电影《真爱至上》中的美丽画面，虽然已经过去了很多年，但其浪漫唯美依然会浮现在我们的脑海。伦敦就像一座隐藏在雾中的浪漫都市。

第四位：罗马

浪漫指数 :8.5

提起罗马，人们首先想到的就是奥黛丽·赫本所演的《罗马假日》。这部影片给那个年代的人留下了许多关于爱情的美好回忆，“永恒之都”如今仍然在用其意大利的方式书写着独特的意大利式的浪漫。

第五位：西雅图

浪漫指数 :8

人们无法忘记《西雅图夜未眠》中的汤姆·汉克斯和梅格·瑞恩，这部世界上最动人的爱情电影以浪漫向世人展示了这座城市的魅力。

第六位：摩纳哥

浪漫指数 :7.5

虽然这个位于法国南部的国家很小，但却是世界第二大赌城，这里有世界绝佳的蒙特卡罗赛道供举办无与伦比的一级方程式汽车大赛，还有闻名全球的网球大师赛。为世人所熟知的奥斯卡影后格蕾丝·凯利曾为这个国家的王妃，她与雷尼尔三世的爱情故事为人称颂。

第七位：蒙特利尔

浪漫指数 :7

这座城市是世界上第二大的法语城市，具有法国人最浪漫的一面。来到加拿大，可以不去多伦多，也可以不去温哥华，但是你绝对不能错过蒙特利尔。

第八位：墨尔本

浪漫指数 :6.5

墨尔本是澳大利亚的文化和经济中心，也是南半球最繁华富足的城市之一。它不仅具有伦敦的文化底蕴，还融合了巴黎的浪漫情怀。有人说，唯一能代表澳大利亚的城市不是悉尼，而是墨尔本。

第九位：迪拜

浪漫指数 :6

迪拜是亚洲唯一上榜的城市,也是世界上第一座拥有七星级宾馆的城市。素有“阳光之城”之称的迪拜，一直都在用自己的方式诠释着这座西亚之都的浪漫情怀。

第十位：卡萨布兰卡

浪漫指数 :5.5

有了这座美丽的城市,才有了经典的电影《卡萨布兰卡》，同时它也因为这部电影而著名。我们没有理由忘记卡萨布兰卡，就像我们没有理由忘记电影中那唯美的爱情。

第五节
如何判断真爱?

什么是真爱？有判断标准吗？

俄罗斯的大卫认为，如果一个女孩真的爱他，就应该将她所有的社交网络的密码都毫无保留地告诉他。不过他的说法当场就受到了在座各位嘉宾的反对，有人认为这样的做法很不安全，有人则说太过幼稚。

事实上，如果两个人相爱就代表互相没有隐私，似乎不太对。每个人都有自己的小秘密，即使是夫妻、恋人，也同样可以保留自己的一点隐私，恋人、夫妻都应该尊重对方的隐私。

不过，在中国的很多年轻情侣中，这样的情况很常见，尤其是正处在热恋期的年轻情侣，会毫无保留地将自己的所有密码告知对方。但通常，很多人还会有一些“江湖小号”，之所以这样做，就是想给自己留出一些独属于个人的私人空间。

来自意大利的罗密欧说，他会选择用做菜的方式来判断对方和自己是否为真爱。如果他做的菜不好吃，一般人都会为了顾全他的面子，而违心地说“很好吃”，如果对方是“真爱”，则会直接告诉他：“你做的菜真难吃。”所以，看对方敢不敢讲真话，就是他判断她是不是真爱的方法。

来自加拿大的詹姆斯的方法比较特别，他会和女朋友在一个远离市区的小木屋中待上大约一周的时间，如果双方还想继续待下去，那么就是真爱。

辨别真爱的方法多种多样，不同的人有不同的标准，这是一个“见仁见智”的问题，没有人能给出一个适用于所有人的标准答案。虽然知道这些，但还是有些人要问：夫妻之间、情人之间、任何一对男女之间，究竟有没有真爱？如果有，衡量其真爱的标准又是什么？

之前网上流传过一个笑话，或许能够给大家一些启发。故事是这样的：

由于家里离公司很远，为了上班方便，一位女子的老公和他的女秘书便在公司的附近租了一个公寓。一天，老公邀请妻子去他们合租的房子吃晚饭。饭桌上，做妻子的一直密切注视着老公与女秘书的细微举动。老公发现了妻子异样的眼神，赶紧解释说他与女秘书只是纯粹的上下级关系，绝对没有别的。

一周后，女秘书发现专属于自己的那把汤勺不见了，她认为是被老板的妻子拿走了。老板主动请缨给妻子发了这样一封邮件：“我不会说你拿走了那把汤勺，也不会说你没拿那把汤勺，不过有一件事情大家都注意到了，就是你来吃过饭之后，它就不见了。”第二天，妻子回复说：“我不会说你和女秘书睡在了一起，也不会说你和女秘书没睡在一起，不过有一件事情大家都注意到了，那就是如果她的确是睡在自己的床上，她早就该找到那把汤勺了。”

什么是真爱？也许是相信，是彼此谅解，是原谅……不同的夫妻、情侣，对它有不同的衡量标准，也有不同的表现形式。哪一个适用于你，只有你和你的他（她）才知道。

文化贴士

真爱的四大标准

1. 舍命陪君子

我们经常在电视或书上看到，一对彼此深爱的情侣或夫妻，当其中一方处于危难之中时，另一方会心急如焚，甚至希望处于危难中的是自己，或者为了让对方化解危难，甚至不惜牺牲自己的生命。在现实生活中，这样的真爱也是存在的，如果两个人深爱着彼此，就会甘心为对方放弃自己的小世界，抛弃自己的小算盘，克服一切困难和障碍，和心爱的人在一起，一路同行，风雨无阻。

2. 忍辱负重

一个人能自愿地放弃自己的追求，不怕吃苦受罪，不把自己的幸福建立在别人的痛苦之上，之所以这样做，只是为了让他（她）深爱的人在别处得到更多更大的幸福。

3. 以德报怨

明明受到了对方的伤害和背叛，却从不怀恨在心。世界上不乏恩将仇报、忘恩负义的人，你对他纵有千般好，可他总是不领情、不反省，甚至还变本加厉地继续迫害你。若他（她）本应该反戈一击，却无论如何狠不下心来，脑袋里总念着对方的千种好，这一切则都源于对对方的真爱。

4. 不露声色

一个人对另一个人爱到不能自拔的程度，却有自知之明，知道受环境和客观条件的制约，自己的追求无论如何是不可能实现的，如果一意孤行，不但会伤害对方，还会伤害与对方相关联的一批人，因此，他（她）不得不把这份深深的爱埋在心底，不论处于何种情况，都竭力做到无人知晓。

第五章

世界各国的“酒文化”

播出日期：2015 年 6 月 4 日

“花间一壶酒，独酌无相亲。举杯邀明月，对影成三人。”这是我国大诗人李白《月下独酌》中的千古名句。从古至今，关于酒的诗歌、文章数不胜数，可见我国是一个有着悠久“酒文化”历史的国家。

世界上大多数国家的人都喝酒，但是有些国家是禁止饮酒的，例如，伊朗就是一个不喝酒的国家。不同国家酒的种类也是不一样的，我们中国有名的是“白酒”，韩国有名的是“烧酒”，俄罗斯有名的是“伏特加”，等等。无论是请人吃饭，还是在餐桌上谈生意，酒已经成为一种必备的饮品，渐渐地成为一项“交际利器”。

本期嘉宾提案：

我把酒作为交际利器，是正常还是不正常？

第一节
“酒”作为交际利器的争议

不可否认，酒在某种程度上的确有交际作用。但在伊朗，由于受宗教文化的影响，穆斯林是绝对禁止饮酒的。不过，不喝酒也一样可以和当地人很好地交流，并不会因为他们不喝酒，就影响正常的交际。

所以说，喝酒在交际中并非万能，交朋友更多是看重你的能力、人品、性格等，交际的方式也是多种多样的，在交际中，你的心态、思想才是最重要的因素。

文化贴士

伊朗的风俗禁忌

1. 穿衣禁忌

在以伊斯兰教为主的伊朗，对女士的穿衣着装有严格的要求。所有女士出门时，都必须戴头巾，不能穿短袖，衣服一定要盖过臀部，上衣以宽松、不透明的风衣为主，如果是出席一些官方场合，一定不能穿颜色较浅的风衣，更不能显露腿及脚腕部位。男士穿背心或短裤的时候，也不允许外出。

2. 饮食禁忌

在伊朗，全国的穆斯林都禁止饮酒，禁止吃猪肉和狗肉。

3. 男女禁忌

在伊朗，男士不可主动与伊朗女士握手，女士一般也不主动与伊朗男士握手。如果没有血缘关系，男女不会出现身体上的接触，无论男女都是以礼貌的方式回应对方。乘坐公交车时，男士和女士必须分开坐，男士乘坐公共汽车的前部，女士乘坐公共汽车的后部。伊朗的地铁有女士专用车厢，男士不得入内。乘坐出租车时，男士和女士可以坐在一起，没有限制。

4. 行为禁忌

伊朗人讨厌大声喧哗、随地吐痰、乱扔杂物等行为。如果你不注意自己的行为，就会引起他们的反感，认为你是一个缺乏修养的人。

在泰国，喝酒也有很多禁忌，如果你不了解这些，很可能会起到相反的作用。所以来自泰国的韩冰才会说，喝酒并非万能。

文化贴士

泰国喝酒不可不知的禁忌

泰国是一个佛教国家，有90%的人信仰佛教。众所周知，佛教有很多戒律，其中就规定了不杀生、不淫邪、不偷盗、不妄语、不饮酒。

由于这些戒律，泰国形成了独特于他国的酒文化。如果你来到泰国却不了解这些禁忌，那很可能会给你带来不必要的麻烦。

1. 什么时间才可以买酒?

在泰国，不是你想买酒就可以随时去买的。每天只有11：00—14：00及17：00—24：00才是合法的卖酒时间。

2. 在什么地方能够买到酒?

7-11便利店里可以贩卖少量的酒，大型超市的酒类专柜、酒吧，以及较为大型的餐厅中，也都会提供酒类商品。一般的小卖部是没有酒的，因为想要拿到酒类销售许可，需要花费很大一笔钱。

3. 每天都可以卖酒吗?

所有大型的佛节和政府规定的日子都禁止卖酒。每到这些日子，除了旅游区的酒吧不受影响之外，全国所有酒吧都会停止营业。

4. 泰国人喜欢喝酒吗?

很多人都喜欢喝酒之后的那种状态，泰国男人也不例外。只是他们的酒量很差，通常在酒吧里，一瓶酒可以喝一晚。

5. 泰国的酒卖得贵吗？

在泰国，酒税非常高，通常一瓶啤酒会卖到 40～80 泰铢，相当于人民币 8～15 元。但由于出口到周边国家的酒不收消费税，所以你会发现在缅甸买泰国产的啤酒比泰国国内的便宜一半。

6. 进口酒很贵吗？

进口的红酒、白酒的酒税很高，但泰国没有因炒作而导致的酒类价格虚高，所以很多时候，泰国的酒要比中国的便宜一些。

7. 泰国人喜欢喝什么酒？

1）啤酒，例如当地品牌“象牌”啤酒；

2）椰奶酒；

3）威士忌，有外国品牌如杰克丹尼、百龄坛、芝华士、尊尼获加等，也有本国产的 285、鹿牌等。

8. 泰国人平日都在哪里喝酒？

1）在餐厅，泰国人通常只会喝一点红酒或啤酒，如果你在这里喝醉或者劝酒等，只会被人鄙视。

2）泰国人通常会到酒吧或者小酒馆去喝酒。

3）需要注意的是，在没有酒类销售许可的餐厅，是不会有酒出现的。

9. 在泰国出现了酒驾后，会被怎么处罚?

酒驾的人员达到处罚标准者，会被带到警察局，交完罚款后才被释放。而对于罚款，泰国的规定比较特别，他们会根据被罚者的经济承受能力而随机变动罚款数额。通常本地人的罚款为2000泰铢以上，而如果酒驾的是外国人，则罚款数额会多些。若未能按时交款，那么就会被送入监狱坐牢。

10. 泰国有自酿酒吗?

泰国的自酿酒属于违法物品，即便是自己喝也不被允许。

在交际的时候，酒就像菜里的盐，没有盐，菜依然可以吃，只是缺了一点味道而已。在韩国，由于人们的工作压力比较大，喝酒成为人们工作之余放松身心、减轻压力的一个好方法。大家坐在一起喝酒，可以聊些工作之外的话题，表达自己内心的真实想法，拉近朋友之间的距离，的确是人际交往中的一件“法宝”。

意大利的红酒出口量排在世界前列，但意大利人并不把喝酒作为人际交往的“利器”。他们在喝酒这件事情上比较随性，想喝就喝，不想喝就不喝，并不影响朋友之间的感情。

和英国、德国有明显的不同，意大利的酒文化属于“干的文化”，而英国和德国的酒文化属于“湿的文化”。

所谓“干的文化”，是指意大利人喝酒时重在品酒，每天都会品一点，注重酒的质量；“湿的文化”，是说英国人和德国人喝酒会大口大口地喝，注重酒的数量。

另外，17% 的德国人和 25% 的英国人认为，喝酒之后就可以放松，可以加强自信。但只有 8% 的意大利人认为喝酒可以增强自信，大部分的意大利人认为喝酒与自信是两码事，两者之间并不存在必然的关系。

文化贴士

意大利葡萄酒简史

法国的葡萄酒很有名，但是，意大利的葡萄酒产量和质量都远远超过法国。在历史上，意大利也是欧洲最早得到葡萄种植技术的国家，法国葡萄酒有可能是从意大利引进的。

意大利是个神秘而又典雅的国家，它是文艺复兴时期的中心地带，有着令人叹为观止的文化艺术。意大利的葡萄酒酿造史已经超过了3000年，葡萄酒的产量占世界的1/4。

古代希腊人把意大利称为埃娜特利亚，也就是“葡萄酒之国”的意思。这源自于一个传说：埃娜特利亚在古希腊语中指意大利东南部，据说那时的罗马士兵们参加战斗时，总是随身携带着武器和一棵葡萄苗，他们会在占领的每一寸土地上种植葡萄，这样就可以随时随地喝上新鲜的葡萄酒。这或许就是意大利向欧洲各国传播葡萄种植技术和葡萄酒酿造技术的开端，所以说，意大利的葡萄酒有着悠久的历史。

第二节
各国对“酒驾”的惩罚措施

酒的确有麻醉神经的作用，喝酒也总会有“喝断片儿”的人，所以各国对喝酒都有自己的规定和限制。

俄罗斯人素来以“豪饮”著称于世，喝酒已经成为俄罗斯人生活的一部分。大卫介绍，经常会在俄罗斯的大街上看到一些满头白发的老太太一边遛狗，一边抱着易拉罐喝酒。这种说法似乎有点夸张，不过俄罗斯的确是允许人们在大街上喝酒的。但是在加拿大，在室外喝酒是违法行为。

在泰国，酒驾被抓后，如果情节特别严重，将面临最高 2 万元人民币的罚款和最高 10 年的有期徒刑。如果情节没有达到处罚的要求，醉酒者一般会被要求“做义工”。在泰国有一个明星，就是因为酒驾被抓，被安排到一个地方去洗碗，为此，还吸引了许多人前来拍照。

在美国，如果司机的血液中酒精含量超过 0.06%，就会被吊销驾照，司机还会被送到医疗部门，专门去看护那些因为交通事故而住院的受害者。在洛杉矶，酒驾的司机除了会接受相应的惩罚之外，还会被强制要求花费 300 美元在车内安装一种电子装置，这种装置对酒味特别敏感，只要车内有酒气弥漫，车子就无法再发动，只能停在原地。而在加利福尼亚州，如果一些屡教不改的酒驾司机被逮到酒后驾驶，就会被送到城内的停尸房进行参观，让他们观看在车祸中死亡的人员的解剖过程。这样的处理方法，想来应该有足够的震慑作用。

在英国，如果是初犯，会被吊销一年的驾照；如果在 10 年内又犯，则会被吊销驾照 3 年，外加 1000 英镑的罚款；若在 10 年内三次出现酒后驾驶，且罪名成立，将会被判吊销驾照 109 年的重罚；而在酒后发生了交通事故者，则除了终生禁止开车之外，还会面临重罚。

在澳大利亚，酒驾人员除了要接受相应金额的罚款之外，严重者还会被判 10 年有期徒刑，另外，这些驾驶员的姓名还会被刊登在当地的报纸上。

在加拿大，酒后驾驶的罪行也是很严重的，一旦被抓住，就要交付 1470 美元的罚金，另外还将面临 6 个月的监禁。如若造成了人身伤害，监禁时间将会变为 10 年；若致死，则为 14 年。

在我们中国，同样也是不允许酒后驾驶的。2015 年，我国最新出台的有关酒驾标准的规定中明确指出，酒后驾驶分两种：酒精含量达到 20mg/100ml 但不足 80mg/100ml，属于饮酒驾驶；酒精含量达到或超过 80mg/100ml，属于醉酒驾驶。

文化贴士

中国对于酒驾的处罚

饮酒驾驶处罚标准

饮酒驾驶机动车辆，罚款 1000 ~ 2000 元、记 12 分并暂扣驾照 6 个月；饮酒驾驶营运机动车，罚款 5000 元，记 12 分，处以 15 日以下拘留，并且 5 年内不得重新获得驾照。

醉酒驾驶处罚标准

醉酒驾驶机动车辆，吊销驾照，5 年内不得重新获取驾照，经过判决后处以拘役，并处罚金；醉酒驾驶营运机动车辆，吊销驾照，10 年内不得重新获取驾照，终生不得驾驶营运车辆，经过判决后处以拘役，并处罚金。

由此也能看出，虽然世界各国对于酒后驾驶的处罚不尽相同，但是无论哪个国家，都不允许酒后驾驶。因为这不仅是对自己生命的不负责任，同样也是对家人、对社会的不负责任。

第三节
带你走近各国的“国酒”

由于受到酿酒材料的限制，不同地方、不同国家的酒各有特色。

对加拿大来说，最有名的酒是“冰酒”。这是一种葡萄酒，也被称为“冰葡萄酒”。之所以这样称呼，是因为他们酿酒时所选择的葡萄，是冬天结冰之后的葡萄。据说这些经受了“冰雪之苦”的葡萄，酿出来的酒特别甜。吃甜品时，配上这样一杯“冰葡萄酒”，更加美味和有情调。也正是由于加拿大的“冰葡萄酒”特别甜，所以这样的酒不适合与牛排或沙拉搭配。

美国最上品的酒被称为“马提尼酒”，这是一种“鸡尾酒”，是一种堪称完美的酒。这是美国在19世纪发明的一种酒，到了20世纪成了美国的象征。马提尼酒的基本成分为干白酒，随着加入苦艾的分量不同，这种酒也分为特烈性、烈性、中等、甜味等。另外，这种酒还可以配蔬菜，可以添加35种不同植物的叶、花、种子和根的精华，是一种百分之百天然的产品。

詹姆斯·邦德，也就是我们熟知的超级特工“007”，在电影中有句经典的台词就和马提尼酒有关。如果你重温这部经典电影，就会注意到，他经常说：“我要马提尼，要摇匀，不要搅拌。”

在韩国，性价比最高的酒当数“烧酒”，但是韩国的烧酒和中国的烧酒有着很大的不同。

首先，韩国的烧酒度数很低，大约只有 20 度左右，和中国黄酒的度数差不多。韩国的烧酒入口清新、爽快，刺激性很小，在饮用的时候，最好配上烧烤、海鲜生食。其次，韩国的烧酒几乎不放任何香料，不像中国的白酒有酱香、浓香、清香等多种香型。所以，一般中国人带着好奇心去品尝了韩国的烧酒之后，通常都会比较失望。

德国的啤酒在世界各国都是很有名的，如果你喝过德国啤酒，就会发现他们国家的啤酒普遍都非常好喝。事实上，这和德国的法律有关系。在德国，有一部法律叫作《纯净法》。

《纯净法》规定，啤酒的所有调料、原材料，像大麦、小麦、酵母，还有啤酒花，等等，全部都要按照法律规定来做。正是因为有了法律的保护，德国啤酒的质量才会远远高于其他国家。其他国家由于没有法律的保护，可能会向啤酒中加一些“添加剂”，这会降低啤酒的口感，所以人们才会觉得德国的啤酒很好喝。

英国的威士忌是一个老牌子，是一种由大麦等谷物酿制、在橡木桶中陈酿多年后、调配成 43 度左右的烈性蒸馏酒。英国人把威士忌称为“生命之水”。

我们读过的许多英国小说中，有很多关于威士忌的描写。由于威士忌的度数很高，属于烈性酒，所以在喝威士忌的时候，可以适当加入一些纯净饮料，这样可以更好地享受威士忌的味道。

俄罗斯的“国酒”，当数伏特加。伏特加是俄罗斯著名的化学家门捷列夫发明的配法，这种酒在全世界都很有名。伏特加一般经过多次蒸馏才能达到纯正美味的效果，目前市面上品质较好的伏特加都是经过了三重蒸馏的。

大卫带来的西瓜酒也让大家眼前一亮。他先在西瓜上凿出一个洞，然后把酒瓶倒插在上面，等一个晚上之后，西瓜就会把酒精吸收，再吃西瓜时，就相当于喝酒了。不得不说，这种喝酒的方法很奇特，这也体现了俄罗斯人民的智慧。

第四节

世界各国喝酒的禁忌

酒作为我们交际中的一项工具，已经衍生出各种各样的“酒文化”，其中有很多细节需要我们学习和了解。

在英国，朋友们一起去喝酒，大家要轮着买单。这一点和我们中国是有区别的，我们中国一般是大家抢着买单。如果我们在英国也抢着买单，会被认为不懂礼貌。

在韩国喝酒时，自己是不能给自己倒酒的。这源自于韩国的一个迷信说法，如果一个人给自己倒酒，那么这个人将在三年之内遇到倒霉的事情。更有甚者，还说他会在三年之内找不到老婆。所以，在韩国喝酒，一定不要自己给自己倒酒。

和德国人“干杯”的时候，一定要看着对方的眼睛，行注目礼。如果你不这样做，未来七年之内，你的爱情生活一定会非常倒霉。这一点和韩国有点相似，都带有迷信的色彩。

在澳大利亚，如果你把别人的酒弄洒了，那么在场的所有人都会“打”你一下。如果你的同事有好几百人，每人都打你一下，也是挺恐怖的一件事情。所以，在澳大利亚，千万别把同事的酒弄洒。另外，在澳大利亚，如果喝酒的时候，听到酒杯摔在地上，大家会认为这个人喝多了，会马上叫 Taxi，送这个“醉鬼”回家。

在俄罗斯喝酒，要数一下喝酒的人数是双数还是单数。因为俄罗斯人非常讲究数量，他们认为所有双数的东西都跟不吉祥的事情有关，而单数的东西都跟吉祥的事情有关。假如有六个人在一起喝酒，那么碰完杯之后，其中一个人还需要和酒瓶“碰杯”一次，也就是凑个数，因为双数显得不吉利。

第六章

世界各国论长相

播出时间：2015年7月2日

如果你是别人眼中的“丑男丑女”，没有漂亮的女朋友或者帅气的男朋友，工作面试也屡屡碰壁，变得越来越自卑，觉得一切不顺利都是因为这张脸，你该怎么办？在这个“看脸”的时代，世界各地的人各是怎么看待这个问题的？

本期嘉宾提案：

因为长相不佳而自卑，我正常不正常？

第一节
比较“奇葩”的审美观

很多时候，所谓的美，其实最开始只是一小部分人喜欢，慢慢地，影响到一大部分人，最后就变成了一种潮流。

这一期中，TK11 围绕人的外貌是否会让人自卑展开了讨论，有的人认为长得好很重要，它就像一张随身携带的名片，给自己带来很多益处，例如产生自信、收获爱情和事业、得到免单的机会等；有的人认为长得好不那么重要，心灵美、能聊得来更有益于生活。

有的人觉得身材窈窕就是美，有的人觉得面若桃花是美。可你听说过眉毛连在一起的吗？那叫美吗？还有黑色的牙齿？有毛的女人？油头？胖女人？

节目中，伊朗的普雅首先发言，说在 150 年前，他们那儿的人都喜欢胖女人。不只如此，他们觉得眉毛连在一起的女人很漂亮，普雅还当场拿出一张照片，说是当时国王最爱的女人。这真是很独特的审美。

来自俄罗斯的大卫说，在彼得大帝时期，俄罗斯的男人都喜欢胖女人，一般胖女人都有钱。更奇葩的是，那时候的贵族男人都是没有胡须的。

世界青年“说”世界

彼得一世

彼得一世即彼得大帝，是俄国历史上思想最开放，也最富有改革精神的帝王，身高 2 米多。他在位时，将俄国的国号改为俄罗斯帝国。

在南方，他夺取了亚速堡、巴库，成功地控制了亚速海和里海的门户；在北方，他赢得了“北方战争”，成功地从瑞典手中夺得了芬兰湾、里加湾沿海一带、波罗的海出海口。对内，他进行了一系列大刀阔斧的改革，包括政治、经济、军事、文化、教育等方面。

彼得一世事必躬亲，开始俄罗斯的“欧化”后，在科学技术、教育领域、服饰、风尚文化等方面，都学习西欧。他不但剪掉客人的长衣袖，让所有贵族都剪掉大胡子，还把公国时代的莫斯科长袍改成了欧式短装，他提倡文明交际，举办“大舞会”。

1712 年，他迁都圣彼得堡。从此，那里便是全国政治、经济、文化的中心。

俄罗斯哲学家别尔嘉耶夫曾评价彼得大帝改革道：“之前所有的进程，都是为了这场改革在做准备，所以这场带强制性的上层革命势在必行……人民承担的巨大痛苦。但要是因此就放弃改革，那俄罗斯永远不可能完成在世界历史中的使命，也不可能在世界历史上占有一席之地，获得自己的发言权。”

接着，泰国的韩冰说，如今的泰国人更喜欢身材苗条的女人。

他还讲了一个故事，介绍了他们的“黑牙”美。传说在泰国国王拉玛五世统治时期，有一位英国大使前来访问泰国，见到了当时的王后和公主，为她们的风采所折服，不停地夸赞她们很美丽、迷人。可当她们一笑、露出牙齿时，英国使臣惊呆了……

传说，很早以前，泰国确实是以黑为美的，他们通过嚼槟榔让牙齿变黑，甚至有人去染齿、漆齿。

文化贴士

槟榔

槟榔是一种植物。从很久以前开始，它就一直陪伴着泰国人。

在古代的泰国，嚼食槟榔可谓是一件大俗大雅的事儿。无论是达官贵人，还是普通百姓，无论有钱人还是穷人，槟榔都是他们必不可少的零食。茶余饭后、休闲时光，嚼槟榔既可以助兴，也可以解愁。

那他们是怎么吃的呢？

很早的时候，他们总是在蒌叶上抹上红灰，再用蒌叶包住槟榔，根据个人爱好，偶尔也会有人加入一些烟丝，然后就那样嚼。跟现在年轻人吃口香糖一般，只嚼味，不咽下去。

他们每嚼一下，槟榔都会和石灰混合在一起，产生新的物质。其中的某些化学物质会让口水变成鲜红色，所以，我们常常会看到，有些嚼槟榔的人像张着血盆大口一般。

现在，很多年轻人都不喜欢吃槟榔了。但不管是鲜槟榔还是干槟榔，国外市场依然很大。制革业和制药业需要干槟榔，槟榔果可以做成草药，用于愈合伤口、治疗腹泻、治疗牙龈病等。

漆齿、染齿

在我国的少数民族中，现在仍有一部分保留着漆齿、染齿的习俗，大多集中在云南，有傣族、基诺族、哈尼族等。除此之外，海南省的黎族、广西壮族自治区的壮族也有染齿的习俗。

在这些染齿习俗中，共有两种方法：一种是用染料染；另一种是通过嚼食某种东西，达到染齿的目的。

傣族、基诺族等用植物烟脂来自制染料。由于染料的光泽度很好，非常像漆，所以也叫漆齿。

在云南，傣族男女从十四五岁开始，就有用家木烟涂牙齿的习惯，他们觉得牙齿越黑越漂亮。不但如此，在结婚时，新娘的牙齿一定要染得黑黑的。

基诺族的染齿颜料多用梨木。方法是将爆烧后的梨木放到竹筒内，再在上面盖上铁锅片，等铁片上的烟脂呈发光的黑漆状时，就可以用来染齿了。

布朗族的染齿颜料用红毛树枝制成。方法是将红毛树枝点燃，让黑烟熏在铁锅片上，积累足够的黑烟待用。

染齿的另一种方法是嚼食槟榔。在一些湿热地区，当地人有嚼槟榔的嗜好。他们的目的当然不是为了染齿，只是在嚼食过程中，牙齿不知不觉变黑了。

第二节

世界各国的典型美女

咱们中国有句俗话：“一白遮百丑，一胖毁所有。”对此，来自哥斯达黎加的穆雷发表了他的看法。

他说，在欧洲，人们喜欢身材纤细的女人，而他们拉丁美洲的人更喜欢丰满的女人；在中国，人们喜欢皮肤白皙的女人，他们却觉得白皮肤很难看。

在哥斯达黎加，如果有太阳，女人们就会欢呼，跑出来尽兴地疯玩，脱衣服，晒太阳。而在中国，见到一点点太阳，人们就赶紧把伞撑出来遮往。

来自韩国的韩东秀说，在他们的眼里，美女应该具有单眼皮、圆圆的脸、有福气的鼻梁、樱桃小嘴，当然，细细的腰、丰满的胸、性感的臀也是必需的。总之，他们喜欢健康又丰满的女人。

这是真的吗？现实生活中的韩国女人，好像没有多少人脸是圆的吧？

韩东秀还说，他们的人民平均寿命都比较短，为了更好地生存下去，就要多生孩子。那些看起来健康的女人能多生孩子，所以，自然而然就形成了那样特别的审美标准。

意大利的罗密欧说，在“一战”“二战”期间，意大利的女人大多是苹果身材，也就是说她们的胸和腰比较丰满。到了20世纪五六十年代，受美国影响，意大利开始流行沙漏身材，也就是胸围、腰围、臀围分别为90、60、90厘米的标准。例如两位著名的意大利演员索菲娅·罗兰和吉娜·劳洛勃丽吉达，她们的身材就是这样的。

现在，80% 的意大利男人都觉得，最能代表地中海的美的人应该是莫妮卡 · 贝鲁奇。

像扫帚一样、身体没有一点曲线美的女性，是意大利人最不喜欢的，例如相当著名的模特崔姬。他们也不是很喜欢梨子身材，这种身材胸部不大，臀部很大，代表人物是詹妮弗 · 洛佩兹。

来自英国的布莱尔说，在 20 世纪 30—50 代，流行一种发型，叫作油头，例如美国的“猫王”就具有这种发型，这其实也是当代男人的一种流行发型。

在我们中国，古代美女的标准是形态美、有才华、有名气。文人骚客眼中的美女“标本”最早记载于《诗经 · 卫风 · 硕人》，书中有 28 个字堪称经典，流传后世：“手如柔荑，肤如凝脂，领如蝤蛴，齿如瓠犀，螓首蛾眉。巧笑倩兮，美目盼兮。”

无论时代如何变迁，美女的类型如何繁多，总的来说，中国人心里公认的美还是皮肤白皙、五官精致、脸部红霞纷飞、胸部丰满且有弹性、双腿修长有力、不要有赘肉。

似乎所有美女都有一双明亮、娇媚、会说话的大眼睛，正所谓明眸流盼、双瞳剪水；朱唇皓齿、纤细柔软的手指、小蛮腰、如雪的肌肤、肢体透香，等等，也是不可或缺的。

在英国，男人一般持重而谨慎，他们从小必修的课程就是保持绅士风度，所以，他们有自己独特的审美观。在他们的眼里，美女必须每天化妆，时刻保持良好的形象，特别是头发，要认真打理，一丝不苟。如果还有明眸大眼、丰满的胸部、娇艳欲滴的樱唇、修长笔直的双腿，那就更吸引人了。

一般来说，不同类型的女人，做事方法也是大相径庭的。例如，看起来像贵妇人的女人，做事会很有分寸、慢条斯理的，气质既端庄又严肃。

在法国，男人都比较浪漫，他们喜欢文雅、娇柔、有韵味的女人。所以在法国男人的眼里，美女是行为举止都很严谨的，她们的服装要得体大方，与人交谈要有语言艺术，语调要充满魅力，待人接物要有风度。

一般来说，她们的腰都挺得直直的，小细腰、丰满的胸部也是要有的。最好还能展示优雅服饰下若隐若现的胸，以及端坐着时交叉的双腿所散发的性感。

在美国，人们大多追求个性美。所以，在那里，无论是怪诞的发型，还是优雅的发型，都是不同的美，同样会被尊重。当然，在这样一个国家，凸显个性无疑是最高境界。

黝黑的阳光皮肤、幽蓝的深邃眼睛、圆润的坚挺胸部、浑圆的性感臀部，再配上一条破破旧旧的牛仔裤、一双灰或黑色的运动鞋，那简直就是完美，足以吸引任何一个美国男人的目光。

美国女人很看重性感。除了发型，她们的妆容通常会突出饱满的嘴唇、妩媚的眼妆。性情上，她们大多都很幽默、风情、撩人。

在非洲，男人眼里真正的美女一定拥有较宽的额头、秀美的脚跟，她们的小腿和脖子还必须圆润。

除此之外，非洲男人也跟随时尚的潮流，越来越喜欢白皙的皮肤了。而非洲女人为了达到时尚的标准，几乎是不遗余力地努力。

从某种程度上说，要想成为非洲男人眼里的女神，是必须要付出一些代价的。

在印度，很多男人都有过这样的期盼：遇到一个勾魂惊艳，有着一双褐色妩媚大眼睛的美女。

众所周知，印度盛产美女。在那里，从 5 岁开始，就可以受到很好、很专业的美丽培训，俨然一条“美女流水线”。因此，一旦世界上举办选美活动，印度美女必定榜上有名。

在印度男人的心里，美女又是什么样的呢？

嘴唇要丰润、饱满；鼻子要直立、挺拔；眼睛要闪烁、明亮，能摄人魂魄、流盼生辉；头发要柔顺、根根如丝。而且，气质要高雅，皮肤要完美无瑕。

第三节
那些“看脸”的故事

无疑，我们生活在一个非常“看脸”的时代。

节目中，英国的布莱尔播报了一条关于速度约会活动的慢新闻。这是 Love Flutter 公司组织的奇特约会，为了避免第一次见面以貌取人的尴尬，所有参与活动的人都必须在头上套一个纸袋，不让对方看到自己的外貌。

这样大家在交流的时候，就可以不去关注对方的容貌，而是更多地注重彼此之间的沟通与交流，更多地在乎对方的谈吐以及通过交流而给自己的感觉。

世界青年"说"世界

打破第一次约会的尴尬——Love Flutter 的兴趣配对

这是英国伦敦的闪电约会活动。在活动前，每位参与者都会领到一个纸袋，可以在纸袋上随意创作，然后戴上去相亲。

整个活动过程中，都无法看到对方的"庐山真面目"，只能通过聊天来了解对方的品性，再决定要不要继续交往。

这个活动就是 Love Flutter 举办的。

其联合创始人 Daigo Smith 说："Love Flutter 的宗旨就是帮助人们约会成功。以每个人的兴趣图作为配对标准，让你可以找到更多的话题与对方聊，赶走第一次见面的紧张感。"

也许很多人都尝试过网恋，但当他们转到线下，第一次约会见面时，多多少少都存在一些尴尬。主要问题是什么呢？就是交流。人们常常会觉得话不投机，没有共同语言。

Love Flutter 就解决了这个问题。所有用户都可以直接输入，或者是用 Facebook 导入他们的个性、爱好到 Love Flutter。然后 Love Flutter 会根据这些信息，创建一个兴趣图谱，再用关键字给用户配对。相对来说，配对还是比较精准的。

找到兴趣相投的人以后，聊得很开心，就会想到见面，智能化的约会地点又成了问题。慢慢地，Love Flutter 会根据用户的兴趣爱好推荐更为合适的约会地点，甚至提供预约服务等。

故事讲完后，在场的很多人都不赞成这样的见面方式，觉得太没有效率。相亲过程中，其实外貌不是最重要的，沟通才是。大家就这个话题发表了自己的意见。

泰国的韩冰讲到自己就曾有过一个很聊得来的网友，当他回国见到她时，发现她并不漂亮，但他们还是交往了。他觉得，如果人长得很漂亮，但是无法沟通，那才是最不能忍受的。

德国的吴雨翔接话说，长得漂亮的人更容易得到对方的包容。如果同时和两个人

见面，一个漂亮，一个丑，两个人都谈不来。面对那个外貌丑的人，大多数人会转身就走；而面对长得漂亮的人，人们更多地会选择体谅她、包容她。

这时，主持人彭宇讲了一个故事，说自己身边的一个好朋友在酒吧偶遇一个美女，她非常漂亮，双方来电了。交往一周后，朋友发出这样的感慨：“只要她不开口，什么都好；她一开口，我就想掐死她。”这是什么仇什么怨！不过也正好说明，虽然我们生活在一个“看脸”的时代，内涵也是很重要的。

姣好的外貌就像是一个前提，它会提供一个别人了解你的机会。最终结果怎么样，还是要取决于对方的性格。

主持人沈凌说：“是的。但我们不得不承认，在我们中国，长得好看，事儿多，那叫公主病；如果长得丑，还事儿多，那叫丑人多作怪。”

文化贴士

解读“公主病”

什么叫公主病？

所谓公主病，是指一些没有公主命，却渴望十指不沾阳春水，娇生惯养，要求获得公主待遇的一种女性病态心理。

多指没有结婚的年轻女性，从小受到家人体贴入微的照顾，心理依赖程度已到病态，平常行为骄纵，遇到问题只找外界原因，没有责任感。

在西方，很大一部分女性都谴责公主病，她们觉得女人不应该过分依赖男人，或者是其他人。

而在东方，女性既强烈要求应得权利，又极度渴望依赖，有时眼高于顶，瞧不起不如自己的人。

与公主病相对的是“王子病”，是用来称呼那些心态有类似问题的男性。

公主病的表现有：无理要求、娇生惯养、情绪极端、自我放纵、以自我为中心、眼光狭窄。

意大利的罗密欧认为，不论对方美丑，都要给她机会。就好比两块蛋糕，有可能一块很漂亮，人们尝过后，觉得味道很一般；一块长相很一般，却是妈妈做的味道，很鲜美。

接下来，澳大利亚的安龙讲道，外貌歧视越来越被社会直视，有些人去找工作时，没有打扮，或者打扮不那么得体，不符合那份工作的要求，就不能得到自己想要的工作。现在有一家慈善公司，专门免费帮人打扮，让你的脸更好看、衣服更漂亮，如果有哪件衣服是适合这份工作的，会免费借给你穿。无疑，这家公司把外貌歧视这个问题解决到了一个新的高度，它有个好听的名字叫 Dress for Success。

文化贴士

面试礼仪

对于即将走上工作岗位的朋友来说，面试是不可或缺的一环，在与其他面试者拥有同等学历与技能的前提下，能否在众多参与面试的竞争者中脱颖而出，就成了是否能够被聘用的决定条件。

在面试的过程中，表现优秀的人相对来说更容易被企业接纳。这其中就包括懂得面试礼仪。

1. 注重衣着打扮

去企业面试和在学校或日常生活中有很大的不同，通常都应该穿上较为正式的服装。在我们国家，很多大学生在临近毕业找工作的时候，学校的老师都会建议学生们穿上西装或职业套装，这样显得更加庄重，也显示了你对企业的尊重。

这一点很重要，千万要记得，不要随随便便穿着一件休闲装就出现在面试场所，除非你应聘的是一家对服装不拘小节、没有任何要求的企业。但即使是这样的单位，也一定不会允许有人穿着拖鞋去应聘，如果你身上的衣服脏乱不堪、满是褶皱，会让考官觉得你是一个不注重细节、不懂得尊重别人的人。

2. 保持稳重

通常在面试的时候，不可能只有你一个应聘者，为了给在场的众人留下一个好印象，在还没轮到你的时候，你要耐心地在外等候，千万不要因为一时的好奇心而东张西望，或和前后左右交头接耳，这样会显得你很不稳重。

企业的领导都比较喜欢稳重、听话、能做事的下属，如果你在别人都认真等候的时候，表现得太引人注目，很容易被考官 pass。

这时，你最应该做的是安安静静地坐在椅子上，安心等候，当轮到你的时候，以饱满的精神和良好的心态，应对每一个考官的提问。

3. 轻敲门、轻关门

在没有叫到你的名字时，切记千万不要擅自推门进入。当轮到你的时候，无论房间的门是否关着，都要记得用食指和中指的第二指节轻轻叩击门板，在听到房间里传出许可声之后，再轻轻进入房间。

另外要注意，进入之后，不要忘记转身将门轻轻关上，千万不要“嘭”一声，让门自己撞上。尤其是在夏天的时候，很多办公室都会开窗，如果遇到对流风，房间的门在关上的时候会发出非常大的声音。所以一定要转身轻轻关门，这一点切记！

4. 学会问好，表情自然

在面对考官的时候，首先应该和对方打招呼，如“老师们好”“你们好”等。这些话很简单，但千万不要吝啬说出，不要傻愣愣地呆在原地。面部表情要尽量保持自然，略微带着一些微笑，会让每一位看到你的人都心情愉快。

目光也要尽量保持自然，不要左顾右盼、目光闪烁，也不要直勾勾地盯着考官，这样是很不礼貌的做法。如果在场有多位考官，你的目光应该不时地看向所有人，让大家知道你很尊重他们。

5. 注意坐姿

在考官请你坐下之前，千万不要随意坐在椅子上，这样做是很不礼貌的。当考官请你坐下后，记得和对方说“谢谢”，然后大方落座。

坐下时的坐姿也很重要。不要整个臀部都坐在椅子上，应该坐在椅子的三分之一和三分之二之间，挺胸收腹，后背不要靠在椅子的靠背上，也不要胸腹部弯曲向前倾，这样不但难看，也会给人不精神、不自信的感觉。

在坐着的时候，更要注意的是千万不能跷二郎腿，很多男生会习惯性地抖腿或晃腿，这也是不礼貌的。在坐着的时候，男生应该双脚分开比肩宽略窄一些，然后双手很自然地放置在大腿上。女生则应该双膝并拢，尤其是在穿着裙装的时候，更应该注意这点。

6. 全神贯注，不走神

面试的时候，应该保持全神贯注，认真地听每位考官的提问，同时还应该在一定程度上给予考官回应，在恰当的时候点点头，以告诉对方你在听他说话。

在作答的时候，不要故弄玄虚，不要故意夸大事实，否则考官会觉得你不诚实。在遇到不知道如何作答的问题时，也不要害怕，时刻保持镇定也是一种不错的选择，然后尽量从一些相关的话题切入，再慢慢展开，将话题解释明白。

7. 懂得察言观色，控制自己的情绪

当你发现对面的考官对你所说的话表现出心不在焉的时候，你要懂得适当地将话题结束，不要滔滔不绝说个没完，你要主动将话语权交回到考官手中。

在看到考官对你的话题十分感兴趣时，也不要得意忘形，而是应该更加准确地表述自己想要说的话，让人觉得你是一个虚心的人。

切忌喜怒形于色。当受到考官表扬时，要淡定对待，不能在当场就表现出兴奋，

甚至手舞足蹈；在沮丧伤心的时候，也不能因此而给考官脸色看。

8．表达谢意，轻轻离开

当面试结束的时候，要起身对考官表示谢意，注意不要移动椅子。在离开的时候，要正式对考官说“谢谢”和“再见”，然后轻轻地开门离开，关门的时候，要面对着门，轻轻将门关上。

泰国的韩冰说，这一点与泰国文化如出一辙。在泰国，得体永远比漂亮更重要。每个能管理好自己的人，传递的信息就是也能管理好自己的工作，所以，得体就是能与场合呼应，就是最好的。

英国的布莱尔一直觉得英国人是不那么在意外貌的，但他手上拿着的那份斯坦福大学的研究数据仿佛给了他一记响响的“耳光”。在英国，每个星期，大部分女人要用 50 分钟来想应该穿什么，怎么搭配；大约 1 个半小时来为自己的外貌烦恼；大约 40 分钟来思考什么样的内衣更适合自己；大约 46 分钟来担心自己的体重。把这些时间按天来计算，就是 627 个小时 28 分钟，合计 26 天。

如此看来，她们应该是非常在意自己的形象。所以布莱尔不得不自嘲地说，也许是因为自己太久没交过英国女朋友，有些不了解行情。

听了众人的话之后，哥斯达黎加的穆雷提到了委内瑞拉，这个国家每次举行选美比赛时，百姓们为了不错过精彩的镜头，几乎所有人都会躺在沙发上目不转睛地看，这已经成了当地的一种文化。

文化贴士

一定要知道的选美文化

委内瑞拉选美

关于委内瑞拉，有一句话非常流行：这是个盛产石油和美女的国家。

截至目前，这个南美国家已斩获10个“世界小姐”和“环球小姐”称号，是选美界当之无愧的王者。

在那里，每个村庄都有自己的美女王后。甚至所有叫得上名的机构，都会策划选美活动，包括女子监狱和养老院。正是这样的氛围，造就了他们独一无二的选美文化。

每年9月，委内瑞拉都会举行一场选美大赛，选出当年的“委内瑞拉小姐”。这是全国上下最受关注的一件事，那时的委内瑞拉，街上很少行人和车辆，几乎是万人空巷。人们早早收工后，就回家看选美。

委内瑞拉经济较为落后，所以选美是改变命运的重要途径。那里有很多专门的模特培训机构，针对所有女性开放。而化妆、走猫步、演讲等技艺，有些不足十岁的女孩就已经开始学习，她们的一颦一笑都是按世界名模的标准来打造的。

南非选美

在南非，胖姑娘也有春天。

2001 年，南非举行了一场“胖美人”比赛，无疑给大众审美确立了另一套标准。如果一定要给这场比赛加一句广告词，或者可以叫：如果胖，请认真胖。

这个比赛的参与者不分年龄，可以是二十几岁，也可以年过不惑。组织者认为，这些参赛者只是身材微胖，但长相秀丽，不应该全盘否定。甚至组委会还将她们的照片做成年历，用来宣传这种体态丰盈的健康美。

韩国选美

韩国的选美一定要注意：“脸盲症患者”慎入。

如果将参赛者的照片同时放在网上，你会惊讶地发现，她们看上去几乎一模一样，简直就是同一条流水线生产出来的“产品”。曾有人开玩笑说，韩国的选美比赛是一场“对脸盲症患者的终极测试”。

韩东秀提到，韩国几乎所有国民都比较注重外貌，并且正向低龄化发展。他还举例说，一个小学生觉得自己的父母长得不好，就连开家长会这样的事都不告诉他们，不让他们去。这样的孩子已经没有纯真可言了，属于比较极端的现象。

说到极端，就不得不提到澳洲的“完美哥”了。像我们这种凡人，是很难理解他的烦恼的——他每天最怕照镜子，因为那么完美的倒影，只要看一眼就再也不忍移开，他甚至重新装潢了自己的房间，这样每天只要一睁眼，就可以被自己帅醒。

这位“上帝赐给地球的礼物”是一位疯狂的自恋者，据他妈妈透露，从小他就只喜欢照镜子和自拍，同龄人都觉得他是个怪胎，最后不得不休学。

意外的是，他的自恋让他在社交网络闯出一片天地。这位自恋狂这样标注自己：

“你可以竭尽全力地恨我，却依然为我的美色着迷。”这是怎样一种自信？如果按这个标准，布拉德·皮特呢？是不是早上一醒来，看到镜中的自己，立即被吓死……

还有更令人惊喜的，俄罗斯的大卫讲到真人版芭比娃娃，最令人惊讶的是，她完全是通过控制饮食和刻苦训练得来的，也就是说纯天然。为什么她会长成这样呢？传说是因为她的父亲很喜欢芭比娃娃，所以在她很小的时候，就按照这种模式来培养她，例如，照镜子、穿衣服等等，都按芭比娃娃的模式来。

来自加拿大的詹姆斯也讲到了一个女孩，一个胎记几乎占了一半脸部的女孩。她今年 22 岁，是一位舞者。也许所有人在遇到这样的情况时，首先想到的都是去整容，通过手术来改善自己的容貌，让自己从此成为正常人。但她的想法却是与众不同的，她不想去整容，她觉得这块胎记成了她自己和别人不同的特点，是她自己的特色，这不仅会给她带来很多益处，例如帮助她找到工作，也会让她成为人们心里的独一无二。

世界青年“说”世界

面部带有胎记的乐观女孩

这位 22 岁的姑娘叫 Cassandra Naud，出生时，她的右脸就有一大片棕色胎记，医生告诉她的父母，可以通过手术去除，但同时可能会在脸上留下严重的疤痕。经过再三考虑，他们决定不做手术。

Cassandra 上学后，常常受到同学欺负，那些恶言恶语经常让她委屈得哭泣。13 岁那年，她告诉自己的母亲，她要去除胎记。当时，她的父母很吃惊，但很快就为她预约了整形医生。医生告诉她，手术后很有可能留下疤痕。于是，她迅速改了主意，她决定留下自己的特别之处，从内心接受这个特别的自己。

高中毕业后，Cassandra 在洛杉矶的美国音乐戏剧学院学习舞蹈，并在 Cabaretyin 音乐剧中担任了主角。现在她毕业了，成了一名职业舞者，也参加电视节目的录制。

她说："我的胎记已成为我人生中很重要的一部分，是它让我变得特别、令人难忘。"她表示很喜欢自己这独一无二的外表，甚至觉得正是这胎记让她在行业中给人留下了深刻印象。

她相信，这是积极的象征。

是的，任何一个聪明、自信的人，都善于处理问题。当你自卑时，它会变成人生中丑的部分，但如果懂得转换，它就会变成人生中的特点，久而久之，当特点放大以后，就变成了值得欣赏的优点。

穆雷说，自己的白头发也曾被同学嘲笑过，刚开始，他心里也挺难过，但时间久了，他慢慢认识到，这就是我，我就是这样子，我自信，别人就会认可。

所谓美丑，其实是见仁见智的。最开始是源于自己的感受，说不定通过努力，就能将缺点变为亮点。

这时，罗密欧讲了一个故事，说一个很漂亮的女孩从 7 岁开始掉头发，到 9 岁时，头发全掉光了。可她没有一点自卑，她乐观地接受了自己另一个外貌。她的自信感染了身边所有的朋友，事实上，她的朋友一点也不在意这件事。最后，罗密欧说，美不流于表面，而是来自内心的坦然。

不得不承认，有一张漂亮的脸，可以让我们赢在起跑线，但在以后漫长的岁月里，容颜终会渐渐老去，真正的财富将是人生路上的阅历、见识、成长。

第四节

风靡世界的整容风

根据相关调查可知，全世界整容排名第一的是韩国，第二是美国，第三是巴西。

排名第四的是伊朗，普雅说，在伊朗，每年平均都有 20 万人会去整鼻子。因为伊朗人的头和下巴都比较小，而且下巴还很尖，所以鼻子就显得特别突出，人们就想把它缩小，让整个面部看起来更加柔和、协调。

澳大利亚的安龙觉得，整容更像是一个谎言。

来自泰国的韩冰却不认同安龙的看法，在他看来，整容不是欺骗别人，而是为了让自己变得更好、更自信，虽然不应该对自己的外貌感到自卑，但如果可以变得更好，也未尝不可。在泰国，连政府都在推动整容事业。泰国人对整容的看法是很乐观的。

来自韩国的韩东秀坐不住了，他承认，韩国确实是一个整容业非常发达的国家，仅首尔而言，每五个人中，就有一个整过容，当然包括微整。不得不说，这个比例的

确很大。他自己是可以接受整容的，如果通过整容，可以增加一个人的自信，那何乐而不为呢?

整容具有不同的功能，有的人是因为身体缺陷，不得不去整容；有的人是为了得到一份自己梦寐以求的工作；还有的人是为了找回自信，提高自己的生活质量等。也许大家的出发点都不尽相同，却殊途同归，一起踏上了整容的征程。

世界青年“说”世界

韩国的整容风

众所周知，韩国是世界上最无线化的国家，其家庭网络接入率占95%，使用智能手机的人数占67%，科技早已渗透到他们生活的每个角落，例如没有钥匙的密码门、火车上的K歌房。在这样的情况下，他们认为女性们必须达到社会的期许，包括她们的外貌。

在工作场合，韩国用人企业对女性外表的要求也是非常严苛的，比西方国家有过之而无不及。

网上有传言说，在韩国还很穷的时候，大家见面这样问：“吃了吗？”后来经济腾飞了，大家见面开始这样问：“在哪里发展？”而现在，大家的开场白是这样的：“这是在哪儿做的？”那么，为何韩国人如此迷恋整容呢？

1954年，美国外科医生拉尔夫·米莱来到韩国，实行了第一例重睑手术。他曾在《美国眼科学报》中这样写道：“亚洲式的眼睑看起来寡淡无神，容易给人一种消极的印象。”自此，重睑手术迅速流行开来。

最开始的客户群是韩国娼妓，慢慢地，大部分韩国女性也通过重睑手术来改善自己的容貌，使自己的“双眼皮”看起来更具有西方韵味。

现在，韩国最热门的整容项目依然是重睑术，隆鼻次之。并且，这两项手术的普遍程度已然让它们变成了整容的必备“步骤”。

韩国人拥抱着改变自身的可能性，这看起来似乎有些极端，但这或许是走向优异的必经之路。

如果整容变成了一种必然，你会去整吗？特邀嘉宾冯鹏老师说，当这份工作必须要整容才可以得到，而这个人已没有别的技能，只能靠这份工作生活的时候，又能怎么办呢？是的，当生活已经无路可走，这是一个不得不整容的理由。

意大利的罗密欧说，在西西里岛的一个大学，曾有意做过一个调查。他们伪造了一万一千个有照片的简历，区别是里面有些照片漂亮，有些照片不漂亮。结果是什么呢？在那些照片漂亮的简历中，有54%被通知面试；而那些照片不漂亮的简历，仅有7%的人被通知面试。

主持人彭宇认同这一点，他说他对于自己公司收到的两千多份简历，确实是先把没有照片的放到一边，而那些照片看起来漂亮的，自己确实会多关注几眼，并且更愿意给这些人面试的机会。

他说，作为一个企业主，招进来员工不只是自己看，更多的时候他要面对第三方合作单位，所以他长得怎么样、气质如何也在考虑范围之内。

最后他说，虽然如此，但决定是否聘用这个人的最终因素还是他能做什么。

事实上，爱美之心，人皆有之。越是经济发达，越是有钱，人们越注重这项“面子工程”。美是一种积极的生活态度，我们一起来看看这些文明极度发展的国家，是怎么看待整容这件事的。

在英国，干细胞技术有望应用于整形。干细胞是什么呢？就是细胞还没有分化完全，没有成型，所以可以通过一些科学技术诱导其分化，使之成为一些特殊的细胞类型，如骨细胞、软骨细胞等，甚至包括牙齿。

伦敦皇家学院有科学家认为，如果用儿童丢弃的牙齿培养出人体组织，那就可以从中提炼出干细胞了，也就是说，这些干细胞可以长成人体各个部位的组织，例如心肌组织、骨骼等。

如此一来，以后再有因事故造成器官缺失，或者是做隆胸、隆下巴等手术时，就可以用干细胞来培养所需的人体组织了，再也不用担心排异的问题。

英国曾有人公布了一条最新的调查结果，发现有 20% 的英国男人支持自己的妻子去整容。其中，这些英国男人最希望妻子做的项目是丰胸、腹部吸脂、腿部吸脂。

在韩国，每年的 5 月 8 日是“双亲节”。近年来，孩子们在这个节日给父母送整容券的方式越来越流行。韩国曾有媒体报道，在双亲节前几周，首尔的整容医院就开始接受预约。而最受父母们欢迎的美容项目一般是：植发、拉皮、去皱、皮肤充填等。

在美国，有一个 32 岁的女子，12 年整容 44 次。其实她从小就长得很可人，但她并不那么自信，所以试图通过整容来让自己更加完美。

自从 12 年前她第一次接受手术开始，她就无可救药地爱上了整容。先后经过 44 次手术后，她变成了一个与芭比娃娃容貌十分相似的金发女郎。

说到美国，我们就不得不提到美国乐坛天后麦当娜了。曾有新闻报道，在她 50 岁生日前夕，为了让自己看上去更青春靓丽，也为了送自己一份大礼，她决定花巨资整形。确实，她就像一个永不过气的神话，从没有被时间侵蚀。

全世界还有很多千奇百怪的整容事件，我们不妨一起来欣赏一下，从他们独特的视角所展现出来的“美”。

一位 62 岁的美国富婆，为了留住丈夫的心，花费 200 万英镑将自己整成了“猫女”。谁知，她的这个行为让丈夫更快地离开了她。

米奇 · 捷既不是男性，也不是黑人，可她却能参加迈克尔 · 杰克逊的模仿秀，这是为什么呢？原来她花了 8000 英镑，对自己的鼻子、下巴、面颊等处做了整容手术，让她看起来很像迈克尔 · 杰克逊。据说她每年模仿他的收入可达到 12 万英镑。这么看来，似乎投入还是值得的。

英国一位已有三个孩子的女人，在 20 年内花了约 20 万英镑，共做了 51 次手术，只为了成为自己梦寐以求的样子——埃及法老阿赫那吞的王后奈费尔提提。目前，她还对鼻子和嘴唇不太满意，希望能进一步改进。

在美国得克萨斯州的奥斯汀市，出现了一个“蜥蜴人”。他叫埃里克 · 斯普拉格，他承认自己是一个“怪人”，浑身都是墨绿色和褐色的纹身。更让人惊讶的是，他的舌头有一道分叉，几乎和蜥蜴一模一样。他说，他花了700多个小时才把这些纹身做好。除此之外，他还把额头和舌头整了整。在接受采访时，他说：“人们都喜欢看自己感兴趣的东西，例如大峡谷、埃菲尔铁塔、大师的名画、漂亮的建筑，但现在，人们盯着我看。”

前《花花公子》的兔女郎莎拉·伯士有三个孩子，她既是一位家庭主妇，也是一位美容师。多年来，她先后经历了100多次整容手术，把自己整成现实版的芭比娃娃，共花了50万英镑。她的整容次数已打破世界纪录。

在美国的威斯康辛州，有一个叫路易·桑切兹的男子，他往自己的额头上植入了两只“角”，让他看起来很像一头小牛。他说，这角的历史已有10年了。尽管人们担心这副怪样是不是会吓跑所有女孩，但意外的是，他有一位稳定的女友。

还有更奇葩的，中国有一位男子居然说服自己的妻子，让她整容成前妻的模样。原来在一次交通事故中，他的前妻意外死亡，他深爱着她，一直无法摆脱阴影。他还说，之所以和现任妻子在一起，就是因为她和前妻酷似。而这名女子为了维系家庭的完整，居然答应了他的要求。这是一个多“美好”的世界啊。

第五节
谢谢你的乐观，带给我们感动

来自澳大利亚的安龙对大家说，他有一位好友，擅长各种运动，例如踢足球、游泳、潜水等，现在他什么都有，公司也做得非常好，可谁能想象他是一个没有胳膊没有腿的人呢？

世界青年“说”世界

尼克的奇迹

1982年，在澳大利亚墨尔本出生了一个特别的男孩，他叫尼克·胡哲，没有四肢。在医学上，还没有人能给“海豹肢症”一个合理的解释。

尼克是这个家庭的第一个孩子，当众人的期盼被一个没有四肢的畸形儿取代时，大家吓坏了。他的父亲冲出产房，呕吐了起来，而他的母亲第一次抱起他，是在他4个月大时。

在8岁以前，尼克所有的心思都在关注“自己所没有的一切”。10岁时，他想自杀，想在浴缸溺死，可这对他也是一种奢望，因为他身体体积的80%都是肺，所以他总是像件救生衣一般浮在水上。

毫无意外，上学后，同学们都嘲笑他、欺负他。很多次，他想到死。一天，前前后后已有12个人嘲笑过他，他暗下决定，如果再有一个人来嘲笑他，他就彻底地放弃自己。就在这时，一个女孩走到他面前，跟他打招呼：“尼克，你好，今天你看起来状态不错呢。”从那一刻起，他开始学习感恩。

他开始积极训练，慢慢地，他那残缺的左“脚”不但可以帮他保持身体的平衡，还可以写字、踢球了。再然后，他能打高尔夫，学会了冲浪，他甚至还能在冲浪板上进行360度旋转，要知道，这可是一个超高难度动作。

19岁时，他做了第一次演讲，他说当时他紧张得“身体发软”。但现在，他已和数百万人分享了自己的经历。现在，他的职业就是演讲，他还是两家励志演讲机构的负责人。

2011年，他在中国分别演讲了《人生不设限》《怎么在挫折中永不放弃》。

他说：“永远不要为没有拥有而感到愤怒。一个人要敢于有很大的梦想，如果不尝试，就永远不知道自己能做什么。”

现在，尼克非常感谢老天给了他这样特别身体。在他的鞋柜里，永远都放着一双鞋。他说：“如果你没有得到奇迹，那就自己去创造一个奇迹。”

听了安龙的故事，哥斯达黎加的穆雷也讲了一个故事。

在圣何塞有一个乞丐，叫Marito Mortadela。他长得很不好看，但却非常善良。只要有人路过他的身边，他都会对路人微笑，并且，每天他都拿着一把小吉他，为路人弹唱，给所有人传递他能给予的快乐。前两年，他去世了。在他去世的当天，哥斯达黎加所有报纸的封面上都是Marito Mortadela的照片。

所以，一个人长得是否好看是次要的，最重要的是他的心态、他能带给大家怎样的快乐和幸福。

穆雷的故事告诉我们，再俊美的外貌也只能影响到人一时的观感，红颜易老，美貌只是暂时的，而善良的心、豁达的性格、快乐的笑脸，却可以影响到每个人的心灵，

那是永恒的。

所以，长得不好看的人不需要自卑。也许正因为长得不好，那就没必要在这方面费尽心力了，我们可以多关注一下生活中的其他美好，当你真正找到时，你就是最美、最帅的。

在美国得克萨斯州，有一位叫利兹·维拉斯奎兹的姑娘，身高 1.57 米，却仅有 28 公斤。对于医生们来说，她的新陈代谢一直是个谜。

利兹·维拉斯奎兹给人的第一感觉就是她一定是个疯狂的节食者，但事实却并非如此，她每天所摄入的热量是正常标准的 3 倍，并坚持了数年，却依然骨瘦如柴。

有些健身者声称自己身上没有脂肪，但其实还有相当于体重 6% ~ 8% 的脂肪。而维拉斯奎兹的确是一个零脂肪人，她看起来就像是骨骼外面包了一层皮。奇怪的是，她的生命体征完全正常，除了体重。

没有人知道她的这种情况到底是因为疾病、基因缺陷，抑或像她自己所说，是一种“天赋”。大多数时候，她过瘦的体形经常受到他人的同情或嘲笑。但她坚持认为，即使有方法可以改变她的现况，她也不想做出任何改变。她说：“我不想和其他人一样。”

从她出生开始，医生就预言她无法存活，但现实是她不但活了下来，还学会了走路和说话，并且长大了，虽然她 4 岁时，右眼失明，左眼视力严重受损。

她唯一能保持健康的方法就是吃。现在，全世界仅有两人与她情况类似。经过多年的辗转求医，她不想再去解开谜题了，她说：“这是上天给我的礼物，是一种荣誉。”

在中国，有一位叫李帅的脆骨症患者，他坚强、自信、乐观，他用力挣脱身体的桎梏，在梦想中自由飞翔。

1991年，李帅出生了，他带给家庭短暂的欢乐后，被查出患有“脆骨症”。也就是说，在他身上非常容易出现多发性骨折，俗称“玻璃人”，有关专家曾说他活不过5岁。

从此，一家人踏上了漫漫求医路。因为身体残疾，李帅一直无法行走。但他的父母细心地发现，他很聪明，双手也非常灵活。从小学到高中，整整12年，他努力克服病体带给生活及学习的不便，用常人难以想象的意志力与命运抗争，顺利完成了学业。

李帅对所有新鲜的事物都充满了好奇心，他爱好广泛，喜欢探索。在校期间，他代表全班同学朗诵诗词；他坐着轮椅学习钢琴，水平已达到业余七级；他学了吉他，创建了乐队；他开过网店；在网上写小说……他说：“医生曾说，得了这个病是活不长久的，所以我的每一天都有可能是最后一天，我要好好珍惜，我要用自己的眼睛看遍世间精彩，更要用心去体会成长。”他还说：“也许我的身体真的像玻璃一样经不起折腾，但我的内心却是像钻石一样坚强的，我希望在我生命的最后一刻，我回头看我走过的路时，我能无愧于心，因为我在有限的时间内，竭尽所能地完成了我能做的所有事儿。”

几经波折后，他终于考上了大学。现在，他对未来充满信心，他坚信自己一定能演绎出心中最完美的大学生活。

我们非常感谢这些乐观、坚强的人，谢谢你们所带给世人的感动，是你们让世界更加美好，让我们更加坚强。

第七章

世界各国“秀恩爱”

播出日期：2015 年 5 月 14 日

在中国历史上，最豪气的秀恩爱是周幽王为博美人褒姒一笑，在只有战时才能点燃狼烟的城楼上，四处点起烽火，引来八方支援。在狼狈不堪的援军面前，美人最终嘴唇轻扬，微微一笑，此笑却引来灭国之祸，从此，褒姒被冠上“红颜祸水”之名。那么在其他国家，又是怎样看待秀恩爱这件事的呢？

本期嘉宾提案：

比女人还爱秀恩爱的我，正常还是不正常？

第一节

各种秀恩爱的网络平台

随着社交网络的日益发展，人们越来越喜欢在社交网络媒体上发照片、写日常琐事，情侣们也喜欢在社交网络媒体上秀恩爱。

美国是一个社交网络平台非常发达的国家，孟天首先给大家讲了美国社交网络上秀恩爱的情况。美国的很多情侣都在 Facebook 上面上传照片，发送状态，表达自己的情感。初次见面的人可以通过 Facebook 上面的信息知道对方是已婚还是单身，从而推断出是否适合与其进一步发展。

文化贴士

Facebook

Facebook 社交网络服务网站由美国青年马克·扎克伯格创办，中国翻译成“脸谱网”，于 2004 年 2 月 4 日成功上线，在世界多个国家均有非常庞大的注册用户。2006 年 9 月 11 日，Facebook 在总部 1 Hacker Way 宣布，凡是输入了有效电子邮箱和自己真实年龄段的人，均可以成为 Facebook 的注册用户。在 Facebook 上，人们可以和世界上其他国家的友人交流分享自己的故事。至今为止，Facebook 已经成为世界上众多社交网络平台中排名第一的照片分享站点。

Facebook 创立初期主要是服务于在美国读书的大学生，为他们提供照片分享；随着接触 Facebook 的人群增加、地域扩宽，Facebook 的注册用户不再限于大学生之间。随着注册用户的日益增加，Facebook 的市值也随之增大，在 2010 年，Facebook 超越了微软，成为世界排名第一的品牌。

人们愿意在 Facebook 网站上上传自己的照片，发表自己的状态，将自己的故事分享给大众。不同国家的人群，可以通过 Facebook 了解别的国家的人的生活状况、日常习俗，结交其他国家的朋友。

在韩国，大家除了喜欢用 Facebook 以外，还有专门服务于情侣爱人的社交网络平台。一款名为“Between”的 APP（应用软件）就深受韩国情侣们的喜爱，它不仅可以上传情侣之间的照片，发表情侣之间的日常动态，更能帮助情侣们记住日常的纪念日，在纪念日当天提醒情侣们。在韩国这个对纪念日非常重视的国家，这款 APP 无疑省去了不少韩国情侣的麻烦。

Between 作为一款封闭 SNS（社交网络服务）模式的 APP，在其他网络平台崛起发展的同时，以其独特性抢占了不少市场。不仅是在韩国，就连在日本这样一个使用不同语言的国家，也有不少情侣在使用这款 APP，而在中国，也有不少情侣成了这款 APP 的粉丝。

加拿大的詹姆斯说，Between 是由一个在加拿大留学的人研发的，但是这样一款 APP 在加拿大却不会有市场，因为在加拿大，情侣们不会喜欢这样一款过于亲密的 APP，他们即使处在热恋期，也喜欢拥有自己的私人空间。

泰国和韩国一样，有专属于情侣之间的 APP，翻译过来的中文名字就是“评价你对方”，这款 APP 在泰国情侣之间也非常受欢迎。这款 APP 为异地恋的情侣提供了不少的便利，异地恋的情侣可以通过这款 APP 将两人的照片放在一起成为合照，并且提醒异地的恋人，对方很思念你，尽管异地，但是对方的思念也能通过 APP 传达过来。

在中国，也有很多社交网络平台可以秀恩爱，例如曾经盛极一时的 QQ 情侣空间，可以给情侣们提供一个私密的秀恩爱环境，里面会显示你们交往的时间、发表的状态以及上传的照片。现在，情侣们更喜欢在微博上秀恩爱，在微博上艾特（@ 的发音。@ 某人的账号，他就会收到这条消息）对方，表达彼此的爱意；也喜欢在微信的朋友圈中，通过发布照片来秀恩爱，让朋友圈里的其他朋友们一起分享他们的甜蜜。

第二节
在公共场合，请注意秀恩爱的方式

本期嘉宾王栎鑫带来的提案是：比女人还爱秀恩爱的他，是正常还是不正常？在初次表决中，就有 7 人觉得不正常。

意大利代表罗密欧认为爱情是两个人之间的私事，与其他人没有关系，所以两个人维护好他们的爱情，不要受外界打扰就好，没必要在大庭广众之下秀恩爱。但是，王栎鑫认为，把爱情秀出来，才是更好地保护爱情，他在秀恩爱的同时，传递给大众“我已经结婚了”这样一个事实，那么对他有想法的女孩子或者对他的妻子有想法的男士知道他们已经结婚了，就不会再来打扰他们，并且在秀恩爱的同时，他和妻子彼此的安全感都会增加，这无疑有利于他们在婚姻生活中的相处。

澳大利亚的已婚男士安龙也认为将两人的合影或者状态发表在网上，让大家知道他已经拥有了爱情，就能给别的爱慕者一个提醒，这样就规避了很多不必要的麻烦，婚姻生活也会更稳定。

在加拿大，秀恩爱是一种测试，如果你敢在公共场合秀恩爱，那么就表示你对这段感情有足够的自信心，因此在加拿大，不少情侣愿意在公共场合秀恩爱。

在德国这样一个严谨的国家里，秀恩爱是一件不正常的事情。吴雨翔的观点和罗密欧的观点一致，爱情是两个人的事情，没有必要让别人知道，而且秀恩爱与安全感无关，安全感不是建立在秀恩爱的基础上。

来自哥斯达黎加的穆雷也赞同吴雨翔的观点，他认为，当你将爱情拿出来在众人面前“秀”的时候，就说明对这段感情已经很没有自信，很没有安全感，所以才要拿出来“秀”，相反，如果你对你们这段感情有足够的自信，你是不会去“秀”的，没有必要通过别人的认同来获得情感上的自信。

来自美国的孟天认为，秀恩爱是一件很正常的事情。他说，社交网站是用来分享生活的，而爱情是生活的一部分，那么在社交网站上面秀恩爱就是分享生活乐事的一部分，是顺其自然的一件事情，并不是安全感的问题。

但是来自韩国的比较腼腆的大男孩韩东秀则认为，爱情是情侣之间特有的，恋人总会在彼此的面前表现得和在众人面前有些不同，有些人可能在大众面前是一副很严谨的样子，在情侣的面前却是一副黏人的样子，这些反差是很私密的事情，也是在爱情面前独有的表现，这些反差和表现最好不要放在大众的面前去展示，去秀恩爱，否则会适得其反，招来恋人的反感。

俄罗斯的大卫在大家面前提出了一个新的观点，秀恩爱这件事情本身是没有问题的，但是在公共场合秀恩爱时就必须考虑到其他人的感受，如果对其他人造成了不好的影响和感受，那么秀恩爱这件事就不算好事了。

在泰国，男生秀恩爱不仅不会让其他人反感，反而会受到其他人的鼓励。在小乘佛教中，关于夫妻如何生活相处、如何表达爱意都有说明，所以深受小乘佛教影响的泰国是非常支持男生秀恩爱的。

文化贴士

小乘佛教与大乘佛教

小乘佛教，梵文Hinayana，音译为“希那衍那”，包括“菩萨乘”“缘觉乘”和“声闻乘”。“乘”在梵语中是运载工具的意思，所以在佛经中，“乘”表示普度众生，将人送往理想的彼岸。

小乘佛教主张完善自我，从自我出发去解脱尘世，简而言之就是“度我”。小乘佛教只是古印度众多佛教派别中的一个，并不是古印度佛教法门中的全部。在古印度的众多佛教法门中，占主流的也不是小乘佛教，而是大乘佛教。

大乘佛教，梵文Mahayana，音译为“摩诃衍那”或者“摩诃衍”。大乘佛教和小乘佛教不同，大乘佛教主张普度众生，追求的是众生的解脱、众生的完善，简而言之就是“度众生”。强调的是众生平等，慈悲为怀，不杀生不食肉，素食为上。

在阿育王时期，小乘佛教和大乘佛教已经开始分化，大乘佛教开始在佛教中占主流地位。唐朝时期，著名的玄奘前往天竺求取圣经，回国后传播的正是大乘佛教。

大乘佛教和小乘佛教几乎同时期传入中国，但是大乘佛教更适应中国的国情，因此大乘佛教在中国发展迅速，寺庙也随之增多，有“南朝四百八十寺，多少楼台烟雨中”的诗句流传至今，由此可见，佛教曾经在中国鼎盛一时。

泰国深受佛教的影响，接受小乘佛教也接受大乘佛教，泰国随处可见寺庙和僧侣，首都曼谷既有“天使之城”的称号，也有“佛庙之都”的称号。民众世代传承佛教，对佛教的信仰非常虔诚。泰国僧侣们的地位非常高，在任何场合都有极高的发言权，民众和王室也以佛经为生活起居的行为规范。在泰国有专门教习佛经的大学，供传播佛学，诵读佛经，研习佛教历史。

穆雷认为，单纯地对恋人好并不是秀恩爱，只是将你的恋人对你做的这些事情用文字或者相机记录下来，然后转告其他人，告诉他们，你的恋人对你做了什么事，说了什么话。简而言之，恩爱本身没有问题，但是加上“秀”以后，就不对了。

讨论过后，大家都同意恩爱是可以“秀”的，但是在公共场合秀恩爱需要注意方式方法和合理的时机，而不是随时随地都在秀恩爱，那样会招人厌烦，也会影响恋人之间的感情。

哥斯达黎加将随时随地秀恩爱和“炫富”的人称为 POLO，意思为猥琐。这种打着秀恩爱的旗号，实际却在炫富的事情，是各国都无法接受的。

在伊朗，马路上有专门的道德警察善意地提醒情侣们：“请不要在街上秀恩爱。”所以在伊朗的公共场合，情侣们可以因为礼仪的原因进行贴面礼或者拥抱，但是不能接吻，更加不能随意秀恩爱。

文化贴士

伊朗的道德警察

伊朗的道德警察（Moral Police），一般是志愿者，负责维护宗教风纪，使得人们的行为规范符合《古兰经》的要求，符合伊朗传统文化的要求。穿衣打扮、恋爱结婚及其他生活琐事都会被道德警察监管，他们有权对不符合《古兰经》要求的民众进行善意的提醒。

泰国虽然可以秀恩爱，但是在公共场合，秀恩爱的尺度需要把握好，例如，拥抱牵手都是可以的，但是亲吻，就算没有道德警察的约束，也会被公共场合的其他人指责。

中国有很多年轻人选择穿情侣装来秀恩爱，这样直白的方式在其他国家都很少见。他们不觉得在公共场合穿相似的衣服是秀恩爱的好办法，旁观的人也感受不到情侣们的亲密，反而会觉得这样的行为有些傻。

但是在特定的场合穿情侣装，不仅不会看起来傻，反而是一件被很多人接受的事情，旁观的人看到也会觉得非常可爱。例如，在加拿大的冰球赛期间，情侣们喜欢穿着情侣衫一起去看冰球赛，贾斯汀·比伯就和当时的女友赛琳娜·戈麦斯一起穿着情侣衫去看冰球赛。

文化贴士

冰球赛

冰球，Ice Hockey 也可以翻译成冰上曲棍球，是冬季奥运会上的正式比赛项目之一，比赛双方每队六人，有守门员、前锋和后卫，场上总共十二个人，在规定的时间内进球次数多者为胜方。

冰球起源于加拿大，最早记录冰球这项运动项目的却是荷兰的书籍。1855 年 12 月 25 日，圣诞节当天，加拿大的金斯顿举行了第一场冰球比赛，从此冰球运动开始流行，冰球赛初期，每队参赛的队员都很多，直到后来才渐渐减少为六人。1908 年，在瑞士的苏黎世，国际冰球联盟正式成立。1917 年，美国冰球联盟成立，同一年，加拿大也成立了自己的国家冰球联盟。

随着世界上各种冰球组织的成立，冰球运动迅速发展，冰球赛的影响力也越来越大。在 1920 年的第七届国际奥林匹克运动会上，冰球运动成为奥林匹克运动会上的正式比赛项目，成为冰上运动集体竞赛项目的一员。在 1924 年的第八届冬奥会上，冰球赛成为冬季奥林匹克运动会的项目之一。在 1998 年前，冰球赛一直是男士的比赛项目，直到 1998 年的长野冬季奥林匹克运动会上，女子冰球队正式登陆冰球赛场，打破了只有男子参与冰球赛的局面。

随着冰球运动的兴盛，冰球运动员也随之成长起来，加拿大的职业冰球运动员韦恩·格雷茨基就被誉为全球冰球传奇人物，还有桑丁后来成了瑞典的形象大使。

有的情侣无法接受情侣衫，但是他们不排斥佩戴相似的饰品，或者类似的服装搭配，那样别人从情侣们的外表可以看出其情侣关系，也不会觉得这样的搭配或者配饰看起来傻。

罗密欧告诉大家，有一位心理学家专门针对情侣装这个现象，提出了一个心理见解。这位心理学家认为，人们之所以穿情侣装，是想通过情侣装来告诉其他人，他们找到了自己人生中的另一半，事实上，这是一个非常奇怪的表现方式。

著名的哲学家柏拉图在他的《会饮》中提到这样一个故事：在以前，不只有男人

和女人，还有"阴阳人"，他们拥有四只脚、四只手、两张面孔，但是共用一个身体，由于他们的能力过于强大，引来宙斯和诸位神明的忌惮，所以众神强行将他们分开，两个身体分开后，就踏上了寻找自己另一半身体的路程，直到找到另一方。

这位心理学家认为，情侣装就是用来证明自己找到另一半的方式和手段，是一种向大众表明自己已经找到伴侣的虚伪虚荣的手段。

文化贴士

柏拉图

柏拉图（Plato），古希腊时期伟大的哲学家、思想家和文学家，影响了整个西方的哲学史和文化史，他提出客观唯心主义学说。他是哲学家苏格拉底的学生，而他自己的学生则是有名的亚里士多德。他与老师苏格拉底、学生亚里士多德三人被称为"希腊三贤"。

柏拉图流传于世的哲学思想有柏拉图式爱情、柏拉图主义和柏拉图思想。其中，柏拉图式的爱情被很多人熟知，被中国人称为"精神恋爱"，主张爱情应该是精神部分的交流，没有情欲和肉欲，爱情与情欲两者不能共存。但是后来，有学者认为柏拉图式的爱情其实形容的是同性之间的爱情。柏拉图主义则是用在数学上的哲学观点，用数学来反映客观世界。

柏拉图的著作多以对话为主，其中，《理想国》《会饮》《费多》《斐得若》最为出名。这些著作多为柏拉图和老师苏格拉底的对话，两人的哲学思想以及想表达的思想观念在字里行间可以体会一二。这些著作也有极高的文学价值。

《会饮》

《会饮》（*The Symposium*）也翻译成《宴话》，通过对话形式描写了悲剧家阿伽松在自己家中举办交流会的情况。全文共六篇文章，主题是表达对爱神厄洛斯的歌颂和神往。

我们可以从《会饮》中看出柏拉图对爱的追求、对爱情本质的探索和追寻。

罗密欧提出，在意大利绝对不可能发生的事情就是男人帮女人拎包。同样的事情在哥斯达黎加也不可能发生，因为在哥斯达黎加，女人的包是她的服装的配饰之一，如果将包包交给身边的男士拎，就破坏了女士原本的服装搭配，失去了女士花时间装扮自己的意义。

但是在泰国，女士的包是非常重的，所以女士在出门的时候会将自己的包递给身边的男士，让身边的男士帮自己拎包，身边的男士也不得不帮女士拎包。

女士的包是设计者根据女士的用包习惯设计的，所以，如果是男士拎着女士所用的包，会被有些人认为看起来一点都不“Man”。不过，王栎鑫和孟天觉得男士帮女士拎包不仅不是一件很娘们的事情，相反是一件很“Man”的事情，体现了他们对女士的关心和爱护。

针对这样的情况，穆雷和罗密欧提出了自己的解决办法，那就是将女士包里的东西拿出来放进自己的包里，女士的包就变成了一个空包，然后依旧让女士自己拿着，这样既不破坏女士和男士的服装搭配，也减轻了女士的负担，两全其美。

第三节
各种有创意的秀恩爱方式

在意大利的威尼斯，美国电影《情定日落桥》曾在这里拍摄取景，其中的桥就是威尼斯有名的“叹息桥”。传说，在日落时分，在叹息桥下拥吻就能获得永恒的爱情，所以不少情侣和游客在威尼斯的叹息桥下拥吻，这种自然而然的秀恩爱不仅不会被大家厌烦，反而会收到不少旁观者的祝福。

文化贴士

威尼斯叹息桥

威尼斯叹息桥，意大利语为 Ponte dei Sospiri，得名于桥上死囚的叹息声。因为在叹息桥的旁边是威尼斯的监狱，而桥的另一边是威尼斯的总督府，死囚在总督府接受审判后，经过叹息桥发出沉重的叹息，然后进入监狱，等待最终审判的执行。其实，

叹息桥更像是一座通往死亡的桥梁。

叹息桥建于16世纪末，在1600年竣工，至今为止依然连接着河的两岸，附近是威尼斯有名的圣马可广场。桥的整体是密封式的巴洛克风格石桥，所以囚犯在叹息桥上行走时是看不到两边风景的。英国诗人拜伦在威尼斯游历时，看到桥的两端连接的是生与死的两个极端世界，所以为这座桥命名为“叹息桥”，从此一直留名至今。

《情定日落桥》

《情定日落桥》（*I love You, Jet' aime*）也翻译成《小小罗曼史》，讲述的是13岁的美国女孩罗兰因为妈妈工作的缘故来到了法国，认识了同龄男孩丹尼尔，两人因为爱好相同、兴趣相似，很快就心生喜欢，走到了一起。

但是两人的爱情遭到了罗兰母亲的强烈反对，所以两个小孩子决定一起私奔到威尼斯。在威尼斯的叹息桥下，夕阳缓缓落下，整个城市的钟声敲响了，两个年轻人因为爱情而热烈拥吻，他们希望他们的爱情能得到永恒，不被其他人破坏，希望得到所有人的祝福。

这部电影为威尼斯的叹息桥赋予了不少浪漫的色彩。

不仅在俄罗斯，在中国的社交网络平台上，这样一组牵手照也同样风靡一时。这是俄罗斯的一对情侣，手牵手周游各国，在不同的国家、不同的景点，他们牵着手留下一张张照片，他们将这些照片上传到社交网络上，明目张胆的秀恩爱得到了大家的一致祝福。这样的秀恩爱模式不仅没有得到众人的反感，照片中的牵手姿势还被大家纷纷效仿。

同样是情侣间特定的姿势，澳大利亚的一对练习瑜伽的情侣，选择在世界不同的地方摆出不一样的瑜伽姿势，不仅秀恩爱，还秀身材，也传播了瑜伽这样一项健身运动。由于他们身体的柔软性，他们的姿势很难被模仿，这就成了他们特有的秀恩爱印记，他们的姿势也成为独特的情侣认证姿势。

比起复杂的姿势，泰国的秀恩爱就显得简单很多，只要在公共场合牵手就是一种甜蜜的秀恩爱。

泰国的国王和王后在公众场合都是牵着手，最简单的细节反而最能触动人心。

第四节

世界各国的爱情圣地

在全球文化大战环节，TK11 纷纷展示能代表自己国家的爱情圣地，情侣们在这些爱情圣地秀恩爱，感受各种浪漫的气氛。

韩国最有名的爱情圣地当数首尔南山公园以及 N 首尔塔。很多著名的韩剧都是在这里拍摄取景。

在首尔南山公园的 N 首尔塔上，情侣们喜欢在上面的栏杆上锁上特有的情侣锁，然后将独有的钥匙丢掉，以此来祈祷爱情的长久。安龙就曾经和自己的妻子来到 N 首尔塔，锁上了他们独有的情侣锁，但是安龙却把钥匙交给了自己的太太保管，意为：“你有权力让我们的爱散开，但是我没有权力。我们爱情的主宰权全部在你的手上。”此话一出就浪漫逼人。

文化贴士

首尔南山公园和N首尔塔

南山公园位于韩国首都首尔，是目前首尔最大的公园。在南山山顶矗立着高236.7米的N首尔塔，在N首尔塔上可以俯瞰整个首尔市。N首尔塔中的“N”有Nature（自然）、New（全新）、Namsan（南山）三种意思。N首尔塔在重新修缮后，耗费巨资，增加了不少照明设备，所以在首尔时，夜晚游览N首尔塔是一个不错的选择，可以看到完全不同的N首尔塔，美丽又梦幻。

集休闲娱乐、旅游观光于一身的南山公园，除了首尔的地标性建筑N首尔塔以外，还有白凡广场等观光景点，在都市之中也可以近距离地接触大自然，观赏小动物，感受大自然的轻松惬意。

德国最浪漫的爱情圣地是位于科隆的科隆大教堂，在科隆大教堂的旁边就是著名的莱茵河。情侣们来到科隆，会先在科隆大教堂里拍一张合照，然后在旁边的莱茵河畔的霍亨索伦桥上锁上情侣锁，再将情侣锁的钥匙扔进莱茵河中，让莱茵河的河水冲走钥匙，以此来保证爱情的长久。

在德语中，锁这个单词是“Schloss”，这个单词有两种意思，一种是锁，一种是宫殿。在俄语中，也有同样的表达，表示锁的单词也有宫殿的意思。两种语言都诠释了锁这个单词的浪漫意思：我不仅给了你全世界独一无二的锁，我还给了你我的宫

殿。德国民歌《Schenk Mir Dein Herz》翻译为《把心交给我》，说的就是莱茵河畔霍亨索伦桥上的爱情故事。

文化贴士

科隆大教堂

科隆大教堂，全称为Hohe Domkirche St.Peter und Maria，翻译为“查格特·彼得·玛丽亚大教堂”，坐落在德国的科隆，是该市的地标性建筑。它是高度排世界第三的天主教堂，也是欧洲北部最大的教堂，从1248年开始动工修建，一直到1880年才竣工完成，整个工程耗时600多年。整个教堂极具哥特式风格，具有极高的艺术价值，有浓厚的宗教氛围。

在科隆，科隆大教堂是整个城市最高的建筑，在科隆的钟楼上可以看到科隆市的全景。正因为科隆的建筑不能超过科隆大教堂的高度，所以科隆城里的建筑普遍不高，地下却有四五层。

霍亨索伦桥

霍亨索伦桥，坐落于德国科隆，旁边就是著名的科隆大教堂，整个桥体横跨在莱茵河上。它从1907年开始动工，1911年工程竣工通车，是欧洲重要的桥梁之一，也是科隆的重要景点之一。在科隆大教堂修缮的同时，霍亨索伦桥也几经修缮，霍亨索伦桥并不是一座单独的桥，而是三个桥体并行，可以通过汽车、火车、行人、自行车。

霍亨索伦桥梁上华丽大门的设计师是柏林的著名建筑师弗朗茨·海因里希·施韦希滕。因为桥的旁边就是科隆大教堂，为了与科隆大教堂相映成趣，设计师将这款大门设计得极尽华彩美丽，在阳光下与科隆大教堂构成一幅美丽的画面。

泰国深受佛教的影响，所以泰国人秀恩爱的场所也离不开佛教的寺庙和塔。

泰国的拍它史桑拉塔又被称为恩爱塔，位于黎府的兰使县，建于1560年，由泰

国国王和老挝国王一起建造，表示两个国家永远友好，纪念两国邦交，代表两个国家恩爱的开始，所以也被称为恩爱塔。每年的泰历六月份，两个国家的人民群众会在这里举行礼佛的盛会；情侣们也会在这里祈祷他们的爱情永远不变；若是单身，可以在这里祈祷尽早找到另一半。

在泰国，出入佛塔寺庙时，不能穿着任何红色的衣服或佩戴红色的饰品，因为在泰国，红色是“生气、杀戮、血腥”的代名词，传达给别人的是不好的意思，所以去寺庙和佛塔时要避免身着红色的衣饰。

在意大利说到爱情，人们最先想到的就是罗密欧与朱丽叶的爱情故事；说到爱情圣地，人们最先想到的是朱丽叶的故居和朱丽叶沉睡的地方。

意大利维罗纳是古罗马人建立的城市，所以维罗纳的建筑有古罗马建筑的影子和风格，维罗纳甚至有和古罗马一样的斗兽场，但是城中最著名的依然是朱丽叶故居，朱丽叶故居就位于维罗纳市中心香草广场附近。

朱丽叶的故居有专用于情侣们留言刻字的墙，用于纪念情侣们的爱情，在这里，情侣们可以直接感受到罗密欧与朱丽叶的爱情，可以肆意地留下他们的纪念和誓言。

文化贴士

莎士比亚

威廉·莎士比亚（William Shakespeare），英国人，又被称为“莎翁”，是欧洲文艺复兴时期最著名的作家，在欧洲文学史上享有极高的历史地位，是戏剧史上四大悲剧家之一，被人们称为“人类文学奥林匹斯山上的宙斯”。

莎士比亚是著名的作家、戏剧家和诗人，他流传于世的作品众多，囊括的范围也非常之广，包括历史剧正剧、悲剧、喜剧、传奇剧和诗歌。其中最有名的是四大悲剧和四大喜剧，用词富有感染力，故事情节也非常吸引人，在跌宕起伏的故事情节中蕴含着丰富的人生哲理。

四大悲剧指的是《哈姆雷特》《奥赛罗》《李尔王》和《麦克白》，四大喜剧是指《威尼斯商人》《仲夏夜之梦》《皆大欢喜》和《第十二夜》。

《罗密欧与朱丽叶》

《罗密欧与朱丽叶》（*Romeo and Juliet*）是威廉·莎士比亚的著名著作之一，创作于1562年，是悲剧系列中的一个。因为作品表达的是爱情，所以在青年读者中，《罗密欧与朱丽叶》有较高的名气，经常被误认为是“四大悲剧”之一，实际上并不是。

这个爱情故事就发生在维罗纳这个城市，故事情节跌宕起伏，用词婉转华丽，大量的抒情直接抒发了青年们对爱情的向往和渴求，字里行间可以感受到这段爱情的悲情，能被男女主角的感情所牵引。

伊朗有名的爱情圣地是爱国和浪漫主义诗人哈菲兹的墓，也就是哈菲兹庙。哈菲兹墓位于古波斯帝国的首都设拉子。

在伊朗，重要节日和结婚前，伊朗人民除了要背诵《古兰经》，还会看哈菲兹的《诗颂集》，伊朗人将哈菲兹的墓看作爱情的象征，哈菲兹的墓是伊朗的爱情圣地。

文化贴士

哈菲兹墓

哈菲兹，古波斯帝国著名诗人，生活在14世纪，在波斯的文学史上拥有重要的地位，对后世有深远的影响，被称为“设拉子夜莺”“诗人中的神舌”。哈菲兹的诗歌表达了对美好生活的向往、对自由的渴望、对纯真爱情的追求，在他的诗歌中，生活是美好的，是充满希望的。哈菲兹关注底层人民的生活，在他的诗歌中有很多描写底层百姓生活的诗词。

哈菲兹的诗集为《诗颂集》。哈菲兹的诗歌随着人群的迁移被带往欧洲，对欧洲的文学发展也有重要的影响，德国的诗人歌德就深受哈菲兹的影响，歌德非常尊崇哈菲兹，对哈菲兹的诗词爱不释手。哈菲兹的诗集被翻译成多国文字，在多个国家出版，中国也出版了《哈菲兹抒情诗选》。

在伊朗人心中，哈菲兹的《诗颂集》有着很高的地位。在伊朗人民的家中，除了《古兰经》外，最重要的就是哈菲兹的《诗颂集》。在重要的节日，伊朗人不仅要背诵《古兰经》，还会一起翻阅《诗颂集》。

加拿大代表爱情的地方别具一格，那就是自然风光之所。他们会带着伴侣一起前往北方欣赏漂亮的极光，在极光下见证他们的爱情。

加拿大北部的居民经常会坐着雪橇，在雪地里一起欣赏极光的美色，在露天的背景下，看着浩瀚无垠的天空，在静静的环境下，一种无声的浪漫油然而生。

文化贴士

极光

极光，由太空带电粒子受地球磁场吸引，在地球大气层的作用下产生。极光一般出现在高磁纬地区，在芬兰、瑞典、挪威、俄罗斯、加拿大、中国部分地区等，都可以看到漂亮灿烂的极光。

在北欧的神话故事中，极光是由专门掌管极光的女神欧若拉负责管理。在希腊神话故事中，负责管理极光的是太阳神和月亮女神的妹妹、希腊神泰坦的女儿伊欧斯。中国关于极光也早有记载，《山海经》中就提到了极光，将极光神化为“烛龙”。

每年的12月到第二年的3月份，每晚的11点到凌晨的两点，是欣赏极光的最佳时机。

英国的爱情圣地是海德公园旁边的博物馆——安静的维多利亚和艾伯特博物馆，这里人流如织，有百分之二十的人在这里找到了真爱。

相对于上面介绍的大众化爱情圣地，维多利亚和艾伯特博物馆显得小众且不被大多数人所熟知。这里有安静的环境、富有内涵的艺术品，爱情也会来得悄无声息。情侣们可以在艺术品的环绕下，一边感受艺术对精神的洗礼，一边感受着萦绕在两人身边淡淡的甜蜜气氛。

文化贴士

维多利亚和艾伯特博物馆

维多利亚和艾伯特博物馆（Victoria and Albert Museum），简称为“V&A”，于1852年创立，是专门用来展示装饰艺术作品和工艺品的博物馆，名字来源于英国维多利亚女王和她的丈夫艾伯特亲王。

展馆有四层，展品众多，有欧洲、亚洲和阿拉伯地区的展品；所涉及的门类也很多，有陶瓷玻璃、珠宝首饰、乐器绘画、家具陶器，等等。

美国的爱情圣地不仅有美丽的自然风光，还有丰富的历史内涵，它就是美国夏威夷的毛伊岛。

毛伊岛上有世界奇观之一的哈雷阿卡拉火山，情侣们可以一起坐在哈雷阿卡拉火山口旁，看日出日落，欣赏美景，感受人生，这是一件非常浪漫的事情；还可以感受毛伊岛本地的历史文化，品尝毛伊岛特有的美食水果。

文化贴士

毛伊岛

毛伊岛（Maui）也翻译为茂伊岛，隶属于美国夏威夷，在夏威夷群岛中面积排名第二。

岛上最著名的景点是哈雷阿卡拉火山，被毛伊岛当地人称为“太阳之屋”。这是一座休眠火山，最后一次活动是在1750年，在火山口有一个漂亮的锅穴，站在旁边，由于视觉落差，可以看到丰富的色彩变化，感受视觉错觉带来的震撼。站在火山口，可以观赏到壮观的日出。

除了哈雷阿卡拉火山外，毛伊岛上还有保留了16世纪风貌的“捕鲸镇”，行走在小镇上，可以看到整齐的矮小木屋，感受16世纪的风土人情。在毛伊岛附近还可以看到鲸鱼，在每年的12月到次年的4月，人们可以在毛伊岛附近观赏鲸鱼，和鲸鱼进行零距离接触。

第五节
秀恩爱真的“死”得快吗?

周幽王烽火戏诸侯以后没多久，就受到了敌方的进攻，城破国灭，一场最豪气的秀恩爱，却没有换来好的结局。秀恩爱是一件很简单的事情，在公共场合举止亲密一些，将两人的照片上传到社交平台，将两人交往的动态发表在社交媒体上，就是随性的秀恩爱。秀恩爱简单，但是维持一场长久的恋情却不是简单的事。

中国嘉宾王栎鑫和澳大利亚的安龙两位已婚人士认为，秀恩爱是不会腻的一件事情，他们在日后的生活中会持续地秀恩爱，并且秀恩爱这样的方式能让夫妻双方更加恩爱。

加拿大的詹姆斯从自身的经验出发，认为秀恩爱还是要把握好时机，如果秀恩爱太早了，那么换来的不是长久的感情，反而是感情的结束。秀恩爱太早了，对方还没有做好准备，你就贸然将这段感情展现在大众的面前，那么对方感受到的不仅是惊慌害羞，还会不知所措。所以，秀恩爱的前提是两个人的恋情已经发展成熟，度过了初期阶段，彼此熟悉并且热恋。

英国的布莱尔觉得炫富式的秀恩爱一旦停止，那么带给恋人的就是不安和各种猜忌，一旦开始猜忌，那么恋情也会随之结束。韩冰直言道，恩爱秀不秀并不重要，重要的是两人是否真的恩爱，只要两人恩爱，秀不秀都没有影响。

俄罗斯的大卫直接说出秀恩爱是为了面子这样一个观点，他认为秀恩爱是想获得别人的祝福，从而获得虚荣心的满足，但是如果秀恩爱后，别人送出的不是祝福而是质疑，秀恩爱就会影响恋人之间的感情，恋人就会开始质疑这段感情是否真的如自己期待的那样甜蜜，这样的秀恩爱势必会对恋人之间的感情造成裂痕。

站在恋人的角度，当他们在社交媒体上传照片或者发表状态时，他们当时的心态并不一定就是为了秀恩爱，而是一种对生活的记录，也是一种自然而然的分享。这样的记录和分享会一直保留在社交网络平台上面，当时间流逝，容颜渐衰，在纪念日时，在暮年时，有东西可以回忆，有照片可以追忆，有社交网络上的数据帮助自己回想过去的一点一滴。

关于秀恩爱是否“死”得快，恋爱经验为零的伊朗的普雅提出了“玉米花理论”：将生玉米放在微波炉里面，早一点拿出来还没有熟透，晚一点拿出来就烤糊了。所以不要过度秀恩爱，也不要顾虑太多而不去秀恩爱。适当地秀恩爱是可以接受的，男人秀恩爱也是应该的，只要不过分，就只会越秀越恩爱。

第八章

世界各国论脾气

播出时间：2015 年 6 月 18 日

你是一个脾气火爆的人吗？是不是一件小事就可以让你无法控制自己的情绪，经常和身边的人吵架，并负气出走？是不是你喜欢按照自己的心情和方式来生活，开心的时候很开心；不开心的时候，很容易发脾气，不分场合，不分地点，不分人？

本期嘉宾提案：

很容易就因为小事而发火，无法完美调节自己情绪的我，正常还是不正常？

第一节
无法完美控制自己的情绪，正常吗？

对于本期嘉宾带来的提案，在开场的表决中，TK11 里有三位觉得这很正常。

德国的吴雨翔说，无法完美控制自己的情绪是正常的，因为我们都是人类，都有自己的情绪，并不是完美的，如果每次都故意去控制，总有一天会爆炸，所以及时宣泄情绪是正常的。

俄罗斯的大卫反驳说，我们人类之所以和动物不一样，正是因为我们可以控制自己的情绪。你必须要清楚，表面上，你是让自己的情绪及时得到了宣泄，可你却伤害了其他人。对于这类人，有一个专有名词叫“垃圾人”。

文化贴士

什么是“垃圾人”？

在我们的世界里，常常有一些类似“垃圾”的人，他们时时刻刻带着愤怒、仇恨、算计、消沉等负面情绪跑来跑去，甚至他们整个人都充满了傲慢、偏见、贪婪、抱怨、嫉妒、愚昧、烦恼、报复、失望等。他们随着心里的这些“垃圾”越堆越多，越是迫切地需要倾倒出来，这是一种不分人、不分时间、不分场合的行为。有时，我们凑巧遇上了，他们就会往我们身上倾倒……

如果有一天，我们真的遇到了“垃圾人”，该怎么处理呢？这儿有两个小故事：

很久以前，在一家餐馆，一对情侣正在用餐，他们谈笑风生，很快乐、很幸福。这时，隔壁的醉汉向这位漂亮女友吹了口哨，男友置之不理，说反正也吃完了，就离开吧。女友不乐意，觉得被调戏很丢人，还呵斥自己的男友，说他胆小，不是一个有担当的男人。男友解释说，对方喝多了，没必要和这样的人较劲儿。女友生气了，先是把自己的男友骂了一顿，然后又跑去骂隔壁桌的醉汉。结果，醉汉恼羞成怒，过来打他们，男友被捅了三刀，最后抢救无效死亡。临死时，他问自己的女友：“你觉得这样很男人吗？”

还有一个故事是这样的：一位男士开车行驶在正确的车道上，没有任何违规的行为。突然，一辆黑色轿车毫无征兆地从停车位倒了出来，挡在了他的车前面。男士手忙脚乱，立即刹车。当他的车因为惯性，滑行了一小段才停下来，两车之间仅有几厘米的距离。这时，惹事司机凶狠地看着男士，并不停大骂。可男士却和善地冲这个罪魁祸首微笑，并向他挥手，示意他无关紧要，可以先行离开。

在整个过程中，男士都表现得很友好。

很多人都不理解为什么这位男士要妥协，那个家伙差点毁了他的车，甚至危及他的生命，为什么他还可以这般云淡风轻？这位男士说：“不要那么介意。遇到这种‘垃圾人’，我们给他们微笑，尽可能地离他们远一点，然后好好走自己的路，就 OK！一定不要受到他们的影响，接受他们的垃圾，并传递给我们的亲人、朋友、同事，抑或是其他的路人。”

仔细想想，会发现他的做法是非常明智的。一个快乐、成功的人，绝对不会因为“垃圾人”而影响自己的生活质量。人生那么短暂，我们没有必要把时间浪费在这些不快乐、负能量的事上。

中国嘉宾辣妈刘芸说，自己结婚三年来，第一次觉得发火的情绪升上来，是在不久前，他的丈夫决定带儿子录一个亲子节目，她当时嘱咐丈夫，既然决定这样做，就要把孩子照顾好。然后，她为孩子准备好了服装配饰，可是在节目中，她却发现自己的孩子上衣像吊带，裤子也很短，录音设备完全露在外面，简直像极了一个卖羊肉串的。当时她很生气，不理解丈夫为什么这么自私，把自己收拾得很好，却把孩子弄得像猴子一般！

等他们回来后，她见自己的孩子被蚊子咬得几乎整张脸都肿了，她的小宇宙终于爆发了，质问他为什么这么不负责任。

我们可能会因为某些事情而发脾气，这些事情或大或小。对于刘芸说的这件事情，大家普遍觉得是一件大事，因此发脾气很正常。那和这件事情相比，哪些事情是小事，不值得我们发脾气呢？

来自英国的布莱尔说，所谓大事和小事的区别，实际上就是，因为一件事，你当时发脾气了，但后来回头想想，却觉得当时不应该这样做，那么这件事就是小事；如果回头想想，觉得换了现在，自己依然会大发雷霆，那就是值得发脾气的，是大事。

这时，德国的吴雨翔一本正经地拿出个牌子，说自己准备了一个调查，德国耶拿大学曾对六千多名患者进行了研究，结果发现，那些善于发泄愤怒的坏脾气的意大利人和西班牙人的平均寿命，要比善于自我克制的英国人长两年。

意大利的罗密欧解释说，发泄愤怒和发火是两个不同的概念。对于罗密欧的说法，主持人彭宇表示赞同。他说：“发泄愤怒的方法有很多种，例如跟朋友喝一场酒，说不定之前的事就淡忘了；但发火却是一种很直接的方式。”

哥斯达黎加的穆雷是一个不太能忍的人，他觉得不管是大事还是小事，都没有必要忍，为什么要委屈自己、让自己难受呢?

俄罗斯的大卫爆料说，有一次他们一群人去喝酒，他由于不小心，打翻了啤酒，溅到了穆雷的身上，当时穆雷就火了。穆雷接着解释道，他不管对方是否有意，是否因为不小心，他只管结果，那就是“你惹到我了，我的心情不好了”。

听到穆雷的话，在场的众人都激动了，纷纷表示，如果对方是无意为之，应该得

到原谅的。穆雷微怒，不明白为什么他要替别人着想，明明他是受害者，而且对方的行为已经影响到他了。

世界青年“说”世界

各国如何对待孩子的情感宣泄——打架

其实除了大人的情绪，孩子之间的纠纷、情绪也是一个棘手的问题。

在成长过程中，打架是很多孩子都不可避免的事情，现在就让我们一起来看看世界各国的父母是怎么看待这个问题的。

要知道，孩子的不良情绪和处理方式可能会影响他们的一生，稍有不慎，就会埋下不良的伏笔，对他的社交和情感发展产生消极的影响。

在中国，一般来说，欺负人是不对的，是霸道的表现，一定会受到谴责。

在瑞典，孩子如果受了欺负，父母不可以去找老师或者对方孩子的父母。他们觉得，孩子受欺负，是无能、懦弱的表现。而对于孩子之间的这种“游戏”，老师是不会干涉的，他们管这种做法叫鼓励竞争，赢的人可以体会到实力带来的优势和乐趣；输的人则会加倍提高自己的竞争能力。

在德国，主张宽容待人，认为报复并不能解决问题。一般来说，他们会对孩子进行善良教育，与此同时，还很注重反面教育的作用。在学校里，校方非常反感恃强欺弱的 “小霸王”，这些人一旦被记过两次，还不悔改，校方会果断开除，接着，就会有不良少年管教部门接手，对他进行调教。

虽然德国武器制造非常精良，闻名于世，但是他们却非常反对玩具商开发高科技暴力玩具，也绝不支持孩子玩枪、炮、坦克等玩具。

在美国，爸爸一般会明确告诉孩子：“如果你受到欺负，爸爸会和你保持统一战线。”在这一点上，爸爸比妈妈更能让孩子感觉到自信。美国的父母从小就鼓励孩子，要对老师、家庭成员敞开心扉。他们觉得，只要不遮掩问题，能摆明说，就有机会找到解决问题的方法。

在法国，主张“自然后果法”，这是法国的教育学家卢梭提出的，指孩子有过失行为时，不要去限制孩子的自由，而是让过失的后果去约束他们的行为，让他们明白事情的危害，以后不再重犯。据说，这个方法比说教和斥责更容易被孩子接受。

节目中，在场的各位进行了一场小游戏，揭开 TK11 的“假面具”，让大家说出他们中间最爱发火的那个人。

排名第三的是来自美国的活泼大男孩孟天。他是一个耐不住寂寞的精灵，无法忍受一切空虚、乏味。

加拿大的詹姆斯投了他的票，他说，每次开会，只要超过原定时间三分钟，孟天就会频繁地看表，然后不停地问：“我们结束了吗？到下一个话题了吗？会给加班工资吗？我们已经过了十分钟时间了。”不但如此，他每次和别人说话，都会讽刺别人说话的方式，不出声，只做表情的模仿。

孟天说，他觉得这样很好玩，可以调节气氛，不算发脾气，如果要算，也是可爱地发脾气。

排名第二的是哥斯达黎加的穆雷，他时而热情，时而冷酷，但亘古不变的是他那张扑克脸，让你永远捉摸不透他的情绪。如果他慢慢地闭上深邃的眼睛，你会感觉到野兽的怒气即将爆发。俄罗斯的大卫说，如果身边有一个人总是为一点小事发脾气，就会觉得很不舒服。这时，看到穆雷眼神中透露出来的杀气，大卫立即解释说，他只是说如果大家中间存在这么一个人的话，不是针对他的。

投穆雷票的澳大利亚的安龙说，他很善于观察，穆雷常常会有一些小动作，例如，如果他笑时露出了上排牙齿，就说明他不高兴，生气了。旁边有人附和道：“确实如此。”

加拿大的詹姆斯补充说，恶作剧是一定不能跟穆雷玩的。英国的布莱尔立即接着讲话，有一次在酒店，他们把穆雷的床垫给翻过来，恶搞他。穆雷进门看到满屋的卫生纸，床垫也被立起来，就满眼怒火，其他人吓得赶紧把所有东西还原，穆雷也就没再发脾气了。

穆雷辩解道，自己是一位老师，平常会遇到各种各样让人心烦的小事，但他必须忍，所以他觉得和朋友在一起时，就没有必要那么做作了，应该展现最真实、最自然

的一面，不然就活得太虚伪、太累了。

季军和亚军讲完了，冠军是谁呢？他笑起来就像一个坠落人间的天使；他任何一次皱眉，都牵动着无数少女的心；他会傻傻地卖萌；他还常常羞答答地说，挺好的——他就是不停地在恶魔和小公主模式之间切换的德国人吴雨翔。

指证人安龙说，他经常对一件事说：嗯，可以的，可以的。有时他说：“你为什么要这样？我觉得这样不对！”他会挺生气，甚至气得发抖，然后转过身去，深呼吸或者扔个什么东西，等他再转过来时，态度是一百八十度大转弯，满面笑容地说：“挺好的，挺好的。”

普雅讲道，他曾和吴雨翔一起去旅游过，有一天，他就大概发了二十几次火，简直就是一个孩子。例如，他们一起点咖啡，服务员没有听懂他们的话，他就会发脾气；更有甚者，有一个小女生说，哇，这个老外好帅！他一下子就爆发了，问那个孩子为什么叫他老外。他觉得这对他非常不尊重。就这一点，大家一致觉得，叫“外国朋友”会比较妥当，“老外”这种称呼确实需要斟酌。

第二节
那些“愤怒”的事儿

这是一则来自俄罗斯的新闻：2014 年 8 月 12 日，在克里米亚的高速公路上，渡口摆渡需要排队等待 9 个小时，才能到达克里米亚半岛。这天，有个官员等得很不耐烦，想插队。这一举动引起了公愤，大家不管他的身份，合力将他的汽车推翻了。

对于这位官员的做法，在场的众人有不同的看法。主持人彭宇认为，他是一个官员，更应该以身作则，懂得秩序的宝贵，可他却带头做这样的事，肯定会造成大家的不满，这样的结局是必然的。主持人沈凌倒觉得，人们的反应过头，太极端了。

在泰国也曾出现过类似的情况。2006 年，有一个很疯狂的人，把四面佛给拆掉了。在泰国，这是对佛的亵渎。当时在现场的有几百人，这些人对此事都非常生气，最后他们竟然将这个举动疯狂的人活活打死。

每个人的心中都有那么一个点，如果触碰到了，脾气就会爆发，而且会一发而不可收拾。所以，情绪管理非常重要。你可以在合适的地方、合适的时间发泄你的愤怒，但需要掌握好度。

文化贴士

泰国的四面佛

在泰国，四面佛被称为有求必应佛，是泰国香火最旺的佛像之一。四面佛位于泰国曼谷市中心的爱侣湾大酒店前面。几乎每天都有从世界各地赶来朝拜的许愿者接踵而至。

最初，在华人地区，四面佛是对梵天的俗称。佛教中，梵天也叫造书天、净天，或者婆罗贺摩天。她是印度教、婆罗门教的三大主神之一，她创造了宇宙，创制了梵文字母。

在泰国，她常常被认为是法力无边，掌管着人间的荣华富贵。四面佛的朝向分别是东南西北四个方向，便于广大信众祈福。她的外形和中国佛像如出一辙，所以，中文译为四面佛。事实上，她并不是佛，应该译为“四面神”。

人们对于四面佛的信仰，始于婆罗门。婆罗门相信，是梵天创造了人类，那些帝王般的高阶层，来源于梵天的头部；那些战士、高官，来源于梵天的肩部；中层民众来源于梵天的腹部；贫穷者来源于梵天的脚部。

每个人来到这个世界后，梵天大帝都会在他们的额头画一道生命线，这便是他的一生，是无法改变的。

传说，在四面佛前求子，只要膜拜者、许愿者心诚，大多能喜得贵子，这一点最为灵验。通常今天许愿，隔年就会有喜。届时，就需要还愿了，这一点尤为重要。四面佛不喜欢只求不报的人，她一定会用她公正的法力惩罚那些贪婪的人。

也就是说，只要在许愿时，说出如何还愿，几乎都会很快实现。

慢新闻转到中东地区的伊朗，新闻发言人普雅说，前一段时间，伊朗有一个画家，每次画东西时，如果不符合自己的要求，便会把画纸揉皱扔掉。后来，他发现，他常常因为愤怒而那样做。于是，他想了一个好办法——办一个关于皱纸画的展览。他把时间和情绪完美地糅合在了一起，非常有价值。国内外有很多媒体争相宣传他的展览。

如果我们能很好地控制自己的情绪，把愤怒、生气转换成一种力量，去做更加有价值、有意义的事，这种生活方式是非常值得提倡的。这位画家就真的把愤怒升华为一种艺术。

来自美国的孟天，则讲到了一封信，一封美国总统奥巴马写的信。为了配合透明度调查，奥巴马公布了一封他写给妻子米歇尔的邮件，内容大概是：那天早上我不应该发脾气，但我是总统，每天都有很多事，所以请你原谅我。孟天觉得，总统在我们心里，是很完美的形象，但从这封信中，我们却看到了他的另一面，生活中的一面，很可爱，很真诚。

看过了伊朗和美国的新闻，我们接下来再将镜头转到加拿大。

这是一条来自安大略省的新闻：在多伦多附近的一个公园里，一位男士正走在上班的路上，这时路中间突然出现了一只鹅，挡住了他的去路。这位男士很生气，把手中的报纸卷了起来，恶狠狠地恐吓那只鹅。谁知繁殖季节的鹅“脾气”也很暴躁，它愤怒反击，戏剧性的一幕出现了，这位男士不但没有把鹅打跑，反倒被鹅吓跑了。

来自英国的布莱尔也介绍了一条新闻。他说，最近，有一家电视台做了一个纪录片，希望大家关注路怒症。片中称，有 50% 的英国人都有路怒症，但仅有 19% 的人愿意承认这一点。制片方希望通过此片，让大家重视路怒症。

文化贴士

路怒症

所谓路怒症，是指汽车或其他机动车的驾驶人员带有攻击性的语言或愤怒的行为，包括言语上的侮辱、粗鄙的手势、故意不安全驾驶、以威胁安全的方式驾驶、实施威胁等。

20世纪80年代，“路怒症”这个词起源于美国，主要用来形容在交通堵塞的情况下，人们因开车压力和挫折所导致的愤怒情绪。

它的症状主要有：

1. 开车时，“骂人”是常态；

2. 开车时，情绪很容易失控，稍有堵车情况或者轻微碰撞，就有想要动手的冲动；

3. 开车时，喜欢和人“顶牛”，故意挡着别人，不想让别人进入自己的车道；

4. 开车时，和平常的脾气、情绪判若两人；

5. 开车时，前面的车辆速度稍慢，就不停地按喇叭、打闪灯催促；

6. 开车时，总有一些危险驾驶习惯，例如紧急刹车、突然加速、跟车过近，等等。

那么，路怒症是病吗？世界各地对路怒症又是怎么看的？

有一句非常流行的话：“世界如此美好，你却如此暴躁，这样不好，不好！”可是，有些人一开车，就像换了一个人似的，只要出现“看不惯”或者是“被欺负”的现象，马上就会“有仇必报”，殊不知，冲动是魔鬼。

孟天觉得，“路怒症”就像过敏、打喷嚏一样，应该尽量去避免，当然在无法避免的时候，还可以选择吃药。

在美国，“路怒”一旦被引发，37% 可能会导致枪击事件，换句话说，危险驾驶会让人丢失性命。

有调查表明，2009—2013 年，美国一共有 1554 人在公路暴怒交通事件中丧生。在这期间，美国的“路怒”谋杀案件有 200 多起，“路怒”伤害事件大约是 1.2 万起，基本每天都有一个人因为“路怒”而死去。

为了遏制“路怒”事件，美国大约有三分之一的州出台了相关法律，明令禁止激进型驾驶行为。一旦犯下两次，就会被判有罪，最长入狱时间是 4 年，最高罚款为 1 万美元。

在英国，“路怒”也是非常严重的，虽然英国人以绅士自居。有数据显示，85% 的英国司机承认，在驾驶时，他们会表现得很暴躁，尤其是他们受到别人的恶语相向，或者是强行超车时。因此，交管部门规定，为了杜绝带有攻击性的驾驶行为，警察可以对不顾他人驾驶安全的司机处以 100 英镑以上的罚款，甚至更多。

吴雨翔说，“重罚之下，不敢再怒”。在德国，刑事诉讼法有明文规定，道路交通中有侮辱行为的，会根据情况不同进行相应的罚款。收入越高的人，罚款越多，最高限额为 3 万欧元，屡教不改的，将会面临刑拘。对于“路怒”事件中的脏话行为，罚款金额介于 250~600 欧元；不雅动作的罚款金额介于 150~300 欧元；要是对警察不敬，可能会为自己带来 800 欧元的罚单。

在德国西南部一个叫艾尔菲的地区，曾经有一位大叔因为对交通不满而感到愤怒，从而制造了 762 起路怒案件，造成了很坏的影响。

在俄罗斯，车速大多比较快，交通事故的数量也是居高不下。其中，由于路怒症引发的混战，更是数不胜数。很多俄罗斯司机给人的感觉是“生死看得比较淡，不服就来战”。

在印度，高速公路和普通车道几乎是难以区分的，因为到处都是密密麻麻的汽车。

据说，几乎每天都有 1000 万辆机动车行驶在新德里街头。路上花的时间越长，人就越容易动怒，慢慢升级成吵架、打架。

来自澳大利亚的安龙说，政府针对“路怒症”的高发地点做了警示牌，以提醒司机朋友小心驾驶，警惕“路怒”。在澳大利亚，不管是普通事故，还是由于路怒症引发的事故，都会被罚款 300 澳元。在新南威尔士，如果一个司机千方百计地追赶另一个司机，并对其恐吓，就会被界定为“掠夺性驾驶”，除了面临最长 5 年的监禁外，还会面临 10 万澳元的罚款。

中国嘉宾刘芸觉得，人的情绪是由一些习惯养成的，如果每天上车就骂人，慢慢就变成了一种习惯。

在中国，“路怒症”也被称为“开斗气车”，强行变道、强行超车、违法占道、违法抢行、态度恶劣等，都属于交通违法行为。

中科院曾在北京、上海、广州随机对 900 位司机做过调查，其中有 35% 的司机

承认自己有“路怒症”。

可见，“路怒症”无论在哪个国家都有一定的影响，而且，大部分都是影响极其恶劣的，轻者影响大家的情绪，重者会危及自己和他人的生命。

世界青年“说”世界

没有路名的哥斯达黎加

在哥斯达黎加，是没有路名的。他们的地址一般是以建筑物进行区分的，例如教堂、公园。穆雷表示，他家的地址是这样的：圣何塞的教堂往北150米，往右拐，你会看到一个公园，继续往前走200米，往左100米之后，在马路的右边有一座绿色的房子，园子里还有条狗。主持人彭宇调侃道，如果一个人去了哥斯达黎加，真的是要写一篇作文才足够。地名太长了，想找到什么地方都是不容易的。

既然哥斯达黎加介绍一个地址时这么有趣，那么我们不得不需要考虑一个问题：在哥斯达黎加有邮局吗？

答案当然是“有”，只不过邮件上的地址，也都是像刚刚提到的一样，很长很长。而且还有一个问题，那就是如果某家人的房子外面涂的油漆换了颜色，那么之前的所有地址都需要修改，甚至邮件寄出了，也无法找到收件人。

这是不是很有趣呢？

第三节

世界各国怎么面对“愤怒”？

当我们怒火中烧的时候，会选择激烈争吵，还是冷处理？

意大利的罗密欧觉得，冷处理会比较好，因为争吵，会越争越吵，越吵越乱，越乱就越没法找到很好的解决方法。有一句话说得好:“如果这个问题，有方法可以解决，那你还担心什么？如果这个问题根本无解，那你还有什么好担心！”

俄罗斯的大卫补充说，在争吵的时候，我们常常会做出一些我们平常并不想做的事，例如对自己的爱人或身边的人，抑或是亲人，说出一些很伤害他们的话，而这些话，无疑会让对方伤心，自己也会后悔。

主持人彭宇也赞同这一点，有时在发怒时的处理方式，就像一枚钉子，钉在了对方的心里，哪怕以后你想要去弥补，想把它拔出来，对方心里还是会留下一个洞。

加拿大的詹姆斯却觉得，在一些常见的场合，还是需要这种激烈的争吵。例如你去餐厅、咖啡厅、酒店时，作为顾客，对服务员一再地说出自己的要求，但总是没有回应的时候，或许就可以换一种方式。毕竟来这儿是花钱的，就应该得到相应的服务，就像在高端的酒店，就会期望得到高端、贴心的服务一般。

泰国的韩冰说，之前他在一家公司工作，可是那家公司并没有给员工相应的薪水，

一天，他的朋友就去公司，跟领导吵了半天，但是毫无所获，一分钱也没有拿到。最后，他便亲自过去，对那个先生说：“不好意思，你要是不给我钱也可以，那我就给泰国的顾客打个电话，说你连我们都骗，你觉得他还会不会给你投资？”仅过了五分钟，那个人就把所欠的钱给了韩冰。可是，韩冰还是给泰国的顾客打了个电话，说他被骗了。

对于韩冰的机智或者说小心思，彭宇笑着调侃道，如果泰国人也喜欢看《甄嬛传》，这是一件多么恐怖的事。

不得不承认，有时冷处理，确实会收到意想不到的效果。

彭宇问刘芸，遇到很生气的事时，她会怎么处理。刘芸表示，自己婚前其实就是一个脾气很火爆的人，需要激烈地吵出来，但是后来慢慢发现，争吵根本解决不了任何问题，所以，婚后就开始学会冷处理了。她说：“如果真的是特别生气，或者真的想要解决什么事的时候，我就会变得非常的安静，也许对方会更加意识到问题的严重性。”

但英国的布莱尔觉得在有些情况下，冷处理并不是个特别好的办法。例如朋友之间，如果他得罪你了，你可以说出来啊。就好像你在一个地方，一直等，都等了半个小时了，你的朋友还没到，给他打电话，他就一直说还在路上。后来又等了一段时间，他打电话告诉你："不好意思，我没有时间。"这样的时候，还需要冷处理吗？大家七嘴八舌，都表示像这种人必须打电话骂他一顿，然后再也不理他。

既然遇到生气的事，每个人都有自己的处理方式，那我们该怎么来调节自己的愤怒情绪呢？下面来看看世界各国都有些什么方法。

首先发言的是普雅，他说伊朗专门开了一个愤怒控制中心，可以通过一些运动来减轻心里的压力。在那里，还有带着各种场景的房间，例如星空、大海，你可以到里面安安静静地感受，通过这样的方法也可以缓解自己的情绪。另外，里面还有心理医生或专门的导师，你可以去和他们聊天，让他们来给你一些心理上的引导。这个机构就是这么体贴，更重要的是，这些项目全都是免费的。

但令人遗憾的是，就是这样一个能够让人发泄的地方，却偏偏没有能够让人肆意发泄的写有"仇人"二字的假人。

恰巧，在美国有这样的设备。孟天说这个设备非常经济实惠，上面还有一个口子，可以装各种人的照片，例如前女友、前男友、老板等等。这个既简单粗暴又很省钱的发泄方式真是不错！

不过，这样的发泄方式在韩冰看来，却并不是什么好方法，因为它不能解决根本问题。韩冰表示，在泰国，他们会在寺庙修身，和尚会一步一步引导你，让你发现自己在做什么，察觉到自己的不良情绪，然后慢慢地解决。

可以说，当你在发火的时候，是情绪在控制你；而当你安静下来，则是你在控制情绪。

在德国，为了缓解城市人的心理压力，特别设立了专门的发泄专线。如果有人遇到了什么矛盾，或者心情特别糟糕、愤怒时，就可以打这个电话，去骂人。这个专线是收费的，一分钟大概 15 元人民币。

意大利的罗密欧认为，情绪的处理方式非常重要，确实需要不断地学习、不断地调整。他说，情绪就像弹簧一样，如果你一直把它压住，久而久之，它就会失去弹性；可是如果你把它一下子放开，它又会突然爆发，所以我们应该慢慢地、适当地控制自己的情绪。

然而，能够做到这一点却并不容易，大多数人的内心中都有着狭隘，都或多或少会有自我的成分，想要做到真正地放下和宽容，真正地原谅和体谅对方，那这个人的境界一定非常高。

想要成为高人，并不是一件简单的事情，所以在思考这个问题的时候，我们可以换一下思考角度，可以先将境界放得低一些，同样是宽容，我们可以在宽容他人之前，先试着宽容自己，要知道，事实上我们每一次发脾气，都是对自己的一种伤害。

澳大利亚的安龙很赞成这种说法，在他看来，时间就是金钱，如果我们为了老板做的一点什么事就发半个小时的火，就太不值得了。我们把自己生命里宝贵的半个小时给了自己最讨厌的人，这不是傻了吗？

这时，沈凌让大家做即兴表决：“如果生活中，你真的遇到一个人，他带给你无法弥补的巨大伤害，你会选择宽恕还是不宽恕？”

现场的表决结果是 8 ： 3。

首先被问到的是刘芸，她的答案是会宽恕。她说之前有一个阶段，她同时被自己最好的朋友和相恋多年的情人出卖，刚开始，每每想到此，就是满满的负能量，非常难受，但是现在，她已经从心里原谅和宽恕了他们。她说，其实当一个人从心底去原谅一件事或一个人时，对他自己更是一种解脱，是快乐、幸福、温暖的感觉。现在回想起这件事，心里唯一的感觉是温暖，因为他们曾经给过自己快乐和陪伴。也许大家再也无法做朋友，各自都有自己的生活，但可以释怀啊，为什么要让恨留在心底来折磨自己呢?

韩国的韩东秀选择的是不宽恕。在他看来，想说原谅并不是一件容易的事，如果对方想要和好，自己可能表面会同意，但心里其实是很难跨过那道坎的。

英国的布莱尔赞同他的这个观点，他说，即使事情真的过去了，留在心里的那个阴影还是无法释怀的，曾经受到伤害的事情，并不是那么容易就可以忘记的。

很多时候，人在遇到事情的时候，总是会站在自己的角度去思考问题，总是从自己所看到的情况去分析。但事实上，有些时候，你所了解、所看到的，未必是事情的真相，也许那只是你片面认为的误会，也许对方并没有那样做，没有那样想。就像节目中彭宇说的一样，有些时候，最好的选择应该是放下，我们不是一定要去计较是对还是错，是成还是败。人生活在这个世上已经很不容易，为什么要纠结于过去发生的事呢？日子还是要向前走啊！

“911”事件中两位母亲的故事

加拿大的詹姆斯给大家讲了一个例子。他曾看过一个演讲，有两个演讲者，都是母亲，一位母亲的儿子在911那天是在五角大楼里面，在一家投资银行工作，911那天，他死掉了；另一位母亲的儿子则是发起911袭击事件的一员，后来被美国判了死刑。这两位母亲代表了两类人，而她们却站在了一起，为世人讲述宽恕，因为她们自己已经原谅和释怀了。

澳大利亚的安龙说，看完这场演讲之后，他觉得那位在911事件中失去自己儿子的母亲，一定是非常有内涵的人，因为她最后选择用爱来包容仇恨，用爱来化解伤痛。而在爱与恨中，爱总是赢的那一方，恨会自然而然地消失。

刘芸说："爱就是全然的接纳，如果你真正懂得爱，你的内心就会有一种力量，那是一种很温暖的感觉。刚刚提到的那位母亲，我觉得她绝对知道什么是爱。我们常常会听到有人说"我爱你，我爱你，你为什么还要这么对我"，其实那不是爱，只是想占有，爱和占有真的是两个不同的概念。"

最后，关于这个议题，又进行了一次投票，这一次的结果是9：2，吴雨翔改变了观点。

他解释道，通过刚才这个节目，还有大家的观点，他有所感悟，无论是大事还是小事，都不应该发火。因为人生是这么美好，为什么要为了一些小事而发火呢？自己冷静想想，也许事情并没有那么严重，更多的时候，需要自己对情绪进行调整，如果很好地做到这一点，那么无论别人插队还是被人叫作"老外"，也就都成了浮云。

第九章

世界各国的“互联网文化”

播出日期：2015 年 6 月 11 日

自从人类发明了网络之后，人与人之间的沟通变得更加快捷，更加便利。现在，无论你身在何地，只需要轻轻地按几下手机或敲几下键盘，就可以瞬间将你的信息传到世界各地。互联网就像是我们的交通系统，而那一根根网线则是畅通无阻的“高速公路”，我们的信息通过这些高速公路，可以从地球的这一端瞬间传到大洋彼岸的另一端。

网络已经进入了我们生活的方方面面，我们离不开网络，就像鱼儿离不开水一样。但是，网络在带给我们好处的同时，也给我们带来了麻烦。例如网络上的虚假信息，一直就像块“牛皮癣”一样，污染着我们的网络环境；还有“网络暴力”“人肉搜索”等由网络带给人们的伤害，也让我们对网络“谈虎色变”。

本期嘉宾提案：

因为害怕网络暴力而在网上谨慎发言的我，是正常还是不正常？

第一节
面对网络暴力，是选择“坚持”，还是选择“沉默”？

2014年1月10日，姜潮（中国青年演员）在自己的微博上晒出了9张贴有创可贴的哭照，每一张都是“梨花带雨”“囧囧”的表情吸引了大批粉丝围观和模仿。

姜潮表示，他当时由于心情不好，正在向母亲诉苦，正好自己手边有一部手机可以拍照，也想把自己最真实的一面展示给粉丝，就把这些照片发到了自己的朋友圈和微博上。但这并没有引起粉丝们的同情，反而引来了一片骂声和嘲笑，被认为是矫情的表现。

面对网络暴力，姜潮对自己的行为感到非常后悔，并表示，以后再在微博上发消息，他会格外谨慎。

文化贴士

网络暴力

网络暴力并不是指“拳打脚踢”“棍棒相加”等对人体造成伤害的暴力行径，而是指某些人借助互联网，在网络平台发布对别人产生不利影响的言论、视频和图片。这种暴力虽然不会对人的身体造成伤害，但却会对人的心理造成极大的伤害。一些心理脆弱的人在面对别人的恶言攻击时，有时会选择自杀，可见网络暴力是一种很可怕的暴力，是社会暴力在网络上的一种延伸。

在虚拟的互联网空间里，人们的言论不会受到任何的限制，可以借助各种平台，对某个事件或某个人（尤其是公众人物）进行点评。

由于我国对互联网的法律和监管还不太成熟，所以一些不法分子或某些道德低下的人，为了牟取私利或者发泄自己的不满，在网络上大量地发布谣言，并发布相关图片、视频等，曲解事件的始末，颠倒事情的黑白，发布虚假的信息，常常会在网络上引起轩然大波，造成不良的社会影响。

更有甚者，对事件的当事人进行“人肉搜索”，将当事人的家庭住址、姓名、亲人照片、生活状况等个人隐私发布在网络平台之上，对事件当事人恶语相加，进行人身攻击，鼓励一些不知情的群众，按照提供的资料和信息，到当事人的家里进行“声讨”和恶骂。这些评论和做法，严重地影响了事件当事人的生活，给当事人造成了强大的心理压力，一些人可能会患上严重的抑郁症或被迫选择自杀。

美国人孟天表示，这并没有什么，网络本来就是一个自由的空间。每个人都拥有言论自由的权利，我们不需要太在意别人说什么，只管做好自己就行了。

美国是一个比较开放自由的国家，也造成了他们在言论方面“肆无忌惮”的思维方式。美国有一个著名歌手麦当娜，她在自己的网络空间里说过这样一句话：“既然你声称不喜欢我，却还注意我的一举一动，对不起，我认为你其实是我的粉丝。”这句话表现了麦当娜丝毫不在意别人“强加”给她的评论，坚持做最真实的自己。

但在中国，很多明星往往很“惧怕粉丝”，因为粉丝在给他们带来了超高人气的同时，也为他们带来了不菲的收入，而当出了什么事情，致使粉丝不开心时，粉丝们便会在明星的微博里“骂街”，而作为公众人物，明星肯定不能和粉丝“对骂”。

意大利的罗密欧认为，网络其实是一个虚拟的空间，这个虚拟的空间非常大，大到可以容纳全球 70 多亿人的各种信息。网络本来就是一个自由自在的空间，你想做什么就做什么，想表达什么就表达什么。全球 70 多亿人中，肯定会有人对你的观点“挑”各种毛病，无论你怎么做，都不可能同时满足这么多人的“品位”。所以，在网络时代众口难调的时候，没有必要故意迎合其他人的口味。

澳大利亚的安龙和韩国的韩东秀都认为，作为公众人物，不能把自己的信息随便分享出去。如果观众是自己的亲朋好友，像在朋友圈、QQ 空间之类的个人网络交流场所，可以随心所欲地分享自己的任何事情。但在像微博这样的公众平台，把自己的个人信息不假思索地分享出去，肯定会引来各种各样的非议。

第二节
世界各国的“网速”比拼

我们知道，互联网是美国人研究发明的，无线网是澳大利亚人研究发明的。无线网也就是我们通常所说的“Wi-Fi”，如今随着智能手机的普及，“Wi-Fi”成为我们日常生活中必不可少的一样东西。现在我们无论去餐厅用餐，还是去咖啡厅喝咖啡，一般都会询问店中的服务人员：“这里有没有无线网？”

美国青年主要用网络进行娱乐，听听音乐、看看搞笑的视频。在许多国家，包括我们中国在内，网络的确是用来放松身心、休闲娱乐的。我们在网上做某件事情，例如看视频、玩游戏，常常会因为糟糕的网速而欲“怒拔网线”。

但如果我们身在韩国，就完全不用担心网速不够快，因为韩国是世界上网速最快的国家。在韩国的首尔，无论你是在大街上，还是在公园里，你都很容易连接上免费的无线网络。

文化贴士

韩国网速揭秘

韩国并不是世界上经济最发达的地区，也不是科技最发达的地区，但韩国的网速却是世界上最快的。

根据韩国观光公社（韩国旅游发展局）发行的《2014 年全球在线趋势报告》和德国网站 Statista 统计的资料显示，截至 2014 年第三季度，全球网速最快的国家为韩国，平均网速达到 25.3Mbps，是世界平均值的 5.6 倍。

在韩国，政府鼓励国民利用互联网进行创业，并给予一定的优惠政策，对网络的基础建设也投入了大量资金。所以韩国网络行业的竞争非常激烈，很多商家为了生存，不得不提供更快的网速和更低廉的价格。

但在许多欧洲的发达国家，网速却并没有想象中的快。以德国为例，在咖啡厅、餐馆等地方，一般都找不到无线网络。这也与德国人的生活习惯有关，德国人通常不会像我们一样，只要一停下来，就忍不住地想要打开手机，看看空间新动态，从上往下刷微博。他们更加注重面对面地聊天，不太愿意把时间浪费在这些虚拟的空间里。意大利的网络覆盖率也特别的低，只有 61% 左右，他们更多的时候也都是在面对面地聊天。

说到网速最慢的国家，在节目现场排第一位的一定是泰国，除了曼谷、普吉岛、清迈这些大城市外，在其他地方甚至根本就没有无线网。

第三节

世界各国的搜索焦点

伊朗人对待网络的态度和我们有很大的不同。在伊朗，人们只是把网络当成生活的一部分，每天用在网络上的时间一般固定在 1 ~ 2 个小时。而我们中国人，尤其是一些年轻人，几乎整天泡在网上，每天早上醒来的第一件事就是刷微博、逛空间。

在伊朗，搜索率最高的词汇是“烹饪”“美食”，还有一个就是“种头发”，据说伊朗是世界上种头发水平最高的国家。主持人调侃普雅道：“你的头发不会都是‘种’的吧？”普雅赶紧指着自己的头发解释，说他的头发是货真价实的，伊朗之所以有这么多人关注“种头发”，主要是因为有很多人都是“地中海”，也就是俗话说的“谢顶”。

澳大利亚、加拿大、美国和哥斯达黎加的青年一般喜欢在网络上观看一些轻松、搞笑的视频。

例如，在美国，一个获得过奥运金牌的运动员，用投掷标枪的方式给他的小女儿拔牙。他在标枪的尾部拴上一根细绳，另一端拴在小女儿要拔的牙齿上。标枪飞出的瞬间，也顺带把小女儿的牙齿带走了，这种拔牙方式的确是“脑洞大开”。

在韩国，通过网络而风靡全球的视频也非常多，其中鸟叔的江南 style 就是比较著名的一个案例，当年的“骑马舞”在世界很多地方掀起了一阵热潮。

在韩国，人们最关注的是本国的运动员，像游泳名将朴泰桓、足球名将朴智星、棒球名将柳贤振。在韩国人的心目中，这些体育明星的地位要比一些艺人的地位更高。

除了这些娱乐视频能成为我们的搜索焦点之外，网络上的谣言也很吸引我们的眼球，在无意中成为我们关注的热点。

2011 年，在美国独立日的时候，一帮黑客盗取了美国著名的福克斯新闻网站的一个微博账号，连续发表了六条关于“奥巴马遇难”的消息。第一条先是说“奥巴马”不小心遇难，第二条说是由于枪杀，接着一条比一条详细，让人们觉得“奥巴马遇难”这件事情是真实无误的。这些微博在网络上被疯狂地转载，引起了美国国内人民的恐慌和躁动。

文化贴士

美国独立纪念日

美国独立纪念日（Independence Day）也被称为美国的“国庆节”，是美国重要的法定节日之一。

18 世纪中叶，英国在美洲的殖民地由于与本国分离太远，也同大本营内部有不

可调和的矛盾，加上这些殖民地迅速扩张，他们便萌生了建立独立国家的想法。1774年，来自12个州的代表聚集在费城，召开了一次大陆会议，希望通过这次会议，寻找出一条合理解决同英国大本营之间矛盾的途径。最终，在1776年7月4日，由托马斯·杰斐逊起草的《独立宣言》在费城大陆会议上正式通过。《独立宣言》的通过，代表着从那天起，世界上多了一个被称为“美利坚合众国”的国家，彻底摆脱了英国的控制。《独立宣言》对美国而言具有伟大的历史意义，美国人民为纪念这伟大的历史时刻，决定把每年的7月4日定为美国的独立纪念日。

现在网络上的谣言特别多。中国有句古话叫“三人成虎”，意思是本来是一件子虚乌有的事情，但说的人多了，人们就觉得这可能是真的。例如网络上的“伪专家”“伪医生”，我们第一次看到可能会去排斥，但一而再、再而三地被这些人“忽悠”或“洗脑”之后，我们就会把他们当成真的专家和医生。

网络上还有可怕的人肉搜索，如果你不小心说错了话，做错了事情，引起了大批人的愤怒，他们就会通过线上线下搜索你的各种信息，并把这些信息在网络上发布和扩散，并伴有恶意的诋毁和辱骂。

姜潮表示，由于他的家庭住址被曝光，每年他回家过年时，都会有很多人来敲他家的门，要求与他合影留念。如果仅仅是合影留念，倒也没有什么，姜潮担心的是，作为公众人物，家庭住址被曝光可能会给他的家人带来麻烦。

的确有不少明星，由于自己的隐私信息被别人发布到网络上，或者因为一些胡编乱造的言论，而给自己带来了各种各样的麻烦，为此而得了抑郁症或者直接自杀的也大有人在。这样的悲剧在韩国也是时常发生的。

但大部分情况下，网络还是给我们带来了极大的便利。

在泰国，有一个男生在一次看电影时碰到了一个女孩。他很喜欢这个女孩，但却不敢上前搭话，只是拍下女孩的照片。后来他把照片放到一个网站上，让网站帮他寻找这个女孩。由于网络信息传播非常迅速，最后不但找到了这个女孩，两人还结成了夫妻。

网络只是一个工具，关键看人们怎么去使用它。我们在网络上看到的事情，只看到了事件的表面，没有看到事件的背后，没有对这件事情去做深入的了解，因此很多时候，所做出的评论都过于片面。

我们在网上发表评论，也许只用了一秒钟的时间就能完成，而很多不良媒体为了博眼球，故意做一些断章取义的事情，很多网友不了解事实真相，就被这些不良媒体的断章取义弄得义愤填膺，甚至对事件所涉及到的人做出恶语批评，最后导致十分恶劣的后果。更有甚者，一些激动的网友还会去进行人肉搜索，最后不但给当事人带来严重的影响，就连其家人也受到不小的伤害。

事实上，法律并没有赋予我们指责别人的权力，我们个人的观点不能代表法律去审判某些事、某些人。为了他人的生命财产以及精神健康着想，请在对一件事情给出你的评论前，三思而后行。不要在不明白事情真相的时候就妄加评论，最后不但伤害了无辜的人，还有可能会让更多的网友成为和你一样盲目的人，在不明真相的时候，就选择去做出伤害他人的事。

第四节

世界各国的“狗仔”文化

明星们大都害怕“狗仔”，因为“狗仔队”总是在你不注意的瞬间，拍下你的个人生活，再卖给网站。其实，这不能全怪“狗仔队”，也许没有明星的存在，就不会有“狗仔队”的存在。

“狗仔队”这个词似乎不太好听，但这的确是一种职业，如果“狗仔队”仅仅是为了满足大众的好奇心，而去胡写一些东西，结果往往是害人害己。所以干这一行也要有职业操守，要管好自己的行为。

狗仔队在英文里是 Paparazzi 这个单词，这个单词其实是来自意大利语。

意大利著名导演费德里科 · 费里尼在 1958 年的时候拍了两部电影，一个是《甜蜜的生活》，一个是《八部半》。在这两部电影当中，有一个摄影师的角色，他主要的工作就是给明星拍照。这个摄影师的姓是 Paparazzo，后来经过多年的演变，变成了英文里的 Paparazzi。

在意大利，其实并没有狗仔文化，因为每个人的隐私都受到非常好的法律保护。所以，在没有当事人的同意时，你是绝对不能拍的，如果你拍了，当事人就可以把你告上法庭。所以在意大利，几乎是没有从事狗仔这个行业的人的。

说到这里，不得不提醒那些到意大利旅行的朋友，如果你不小心偷拍了当地人，最好马上删掉，否则很可能会惹上不必要的官司。

文化贴士

费德里科·费里尼

费德里科·费里尼（Federico Fellini）是意大利著名的电影导演、演员及作家，于1920年在意大利北方城市米尼市出生。童年时的费德里科·费里尼非常喜欢观看马戏团的表演，经常被小丑的滑稽表演逗得开怀大笑。后来在意大利电影导演罗伯特·罗西里尼的帮助下，开始参与电影制作。

费德里科·费里尼与英格玛·伯格曼、安德烈·塔可夫斯基并称世界现代艺术电影的“圣三位一体”，被认为是20世纪影响最广泛的导演之一。他以独特的“费里尼风格”，改变着战后意大利的精神世界。

他一生获得四次奥斯卡最佳外语片奖、两次威尼斯银狮奖和七座大卫奖，《甜蜜的生活》获得戛纳电影节金棕榈奖，自传式电影《八部半》多次入选各地影史“十佳”。1993 年，费里尼被授予奥斯卡终身成就奖，同年 10 月 31 日病逝。意大利为其举行国葬，联合国教科文组织专门铸造了费里尼勋章。他的电影影响了许多同时代和后来的电影导演，是 20 世纪 60 年代以来欧洲艺术电影难以逾越的成就高峰。

在泰国，也有狗仔文化，只不过泰国的狗仔都比较温和。在泰国，如果将某人的私人生活照片发布到网络上，是会受到法律制裁的。所以，泰国狗仔不会乱拍别人的照片。

之所以狗仔文化在全世界盛行，主要是因为狗仔队拍的这些东西有市场。“没有买卖，就没有伤害”，如果没有人愿意出高价去买这些所谓的独家报道，以博大众的眼球、抢占市场，自然也就不会有人去做狗仔了。

所以孟天说，如果我们每个人都自觉地管好自己，不去看或不去买这些东西，就会从源头上消灭“狗仔队”。

第五节

怎样维护网络安全与秩序?

网络是我们今天赖以生存的一个空间，具有攻击性的评论、不实的传言，甚至谣言，也包括狗仔队，常常会给我们的日常生活带来许多麻烦。所以，如何才能确保网络的安全与秩序，已经成为一个很棘手的问题。

在俄罗斯，2014 年 8 月 1 日，国家发布《博客法》，规定如果博客每日访问量达到了 7000 人次，博客作者就需要到相关部门进行实名注册。

泰国也有相似的法律，叫《电脑法律》，如果你在网上发表了损害别人的内容，当事人可以到法院投诉你，转发的人也受到同样的处分。

在美国，一个人的言论会受到相关部门的监督，如果你是个公众人物，FBI 会提醒你，说网上有人在恶意诋毁你，他们现在正在监督，会去调查这件事情。

韩国在 2002 年首次推行网络实名制，但施行这个政策以后，发现并没有什么效

果，最后不得已，只好又废除了这条法律。

之所以网络实名制会在韩国遭遇失败，很大的原因是法不责众。因为即使有网络实名制，仍然有人谩骂别人，或者发布谣言，也有人通过一些非法的软件，例如身份证伪造器来制造虚假身份，这样的东西简直“防不胜防”。还有一方面原因，就是如果每个人都用实名制，一旦网站没有做好相关的安全管理，黑客们就会把这些信息挖出来，反而会造成危及网友财产安全等严重后果。

来自加拿大的詹姆斯也担心，如果实行网络实名制，我们在举报某些违法行为时，很可能会遭到报复。

在网络上实行实名制是一个很复杂的问题，因为网民的数量太多，推行这项制度需要很长的一段时间。现在更需要的是我们所有人共同维护网络环境，就像在现实生活中，即使没有人看到你随地大小便，也不代表你可以做这件事情。

我们在网络上应该自觉文明发言，做好自律，还网络一片干净的天空。要学会判断，不要轻易相信谣言，做聪明而理智的网民。

第十章

世界各地谈买房

播出时间：2015 年 7 月 30 日

“我是一个工作了七年的公司员工，搬家四次，每次狼狈搬家时，都暗暗下定决心，一定要拥有自己的房子。但经济状况一般的我，一想到如果买房就要背负几十年的债务，成为彻彻底底的房奴，整个生活都会被房子给绑架，就又退缩了！”这是大多数年轻人都会面临的问题，你会怎么选择呢？是买房成为房奴，还是一辈子租房住？

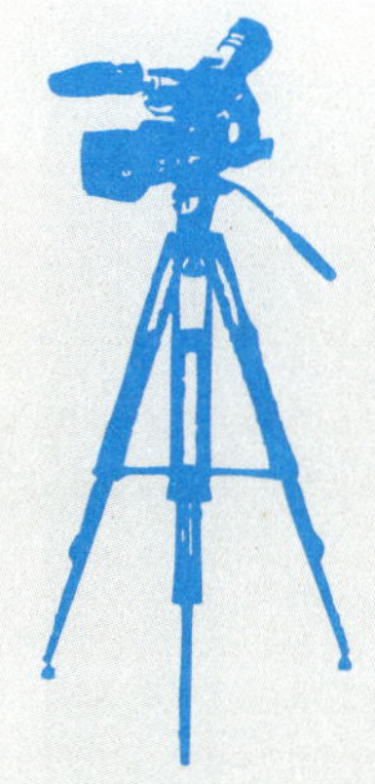

本期嘉宾提案：

想放弃买房的愿望，打算一辈子租房的我，正常还是不正常？

第一节

世界各国青年的“买房梦”

今天邀请到的嘉宾是中国演员沙溢，他告诉大家，刚大学毕业那会儿，他也是租房住，后来接拍的戏越来越多，收入也越来越稳定，在自己父母的帮助下，于 2003 年买了属于自己的第一套房。

之后，每天早上一睁开眼，第一件想起的事就是欠别人钱，心里就感觉所有的生活享乐都该断掉，应该好好攒钱来还贷。

他表示，那段时间真的非常焦虑，欠别人钱的感觉很不好，心理压力很大，整个人都很不快乐。

买房成了房奴、心情受影响这件事情，在世界上其他国家又是什么情况呢？各国青年是否也有买房梦呢？

首先发言的是澳大利亚的安龙，他说，对于年轻人想要买房这件事情要肯定。在他们那里，这叫“澳洲梦”，每个人都希望有自己的房子，有很大的花园，风景要非常好。至于要好到什么程度，安龙举了一个例子。

在澳大利亚，如果你的邻居在园子里种了一棵树，挡住了你的风景，一般来说，你可以去投诉他。可也有极端的，有一个人偷偷去邻居家里，把这棵树砍掉了。当然，这是非法的，但是为了得到他的风景，他就是愿意赔钱。

所以，在澳大利亚，买房最主要的是看风景，哪里的风景好，就买哪里。这一点和我们中国很相似，只不过我们所看重的不是风景，而是“风水”。当然，对于现代人来说，如果家里有孩子，或者在未来即将有孩子，你最应该考虑的，还是未来孩子上学时会被分配到哪所学校的问题。这就涉及我们经常所说的“学区房”。

由于就近上学的原则，学区房被炒得越来越热，很多家庭甚至卖了原本的大房子，跑到教学质量高的学校附近，以几倍于原来房子的高价买一间很小很小的房子。

韩东秀表示赞同。在韩国，大家也抢学区房。除了那些名校周围的房价高，还有那些课外学校密集的地方，房价也高得出奇。但是，不管有多贵，家长们为了孩子的教育，还是不惜一切代价，愿意花一大笔钱来买。

大卫说，在俄罗斯有一个民俗，所有男人的梦想就是：盖一座房子，种一棵树，生一个娃。

俄罗斯男人的梦想，在我们中国的县、乡、镇很容易就能实现，就像主持人彭宇调侃的那样，我们中国的男人甚至还可以在自家的菜园子里养一群猪。

吴雨翔说，在德国，他们不是买房，而是买地，然后在地上盖房。现在，德国已经出现了“房子超市”——你可以进到房子里，看那些房子的模型，如果遇到你喜欢的，就可以对他们的工人说，那些工人就会在 58 小时之内，建好那样的房子。

文化贴士

德国的房屋超市

在每个人的心里，都有一个别墅梦，不管是否买得起。

可是说到建造别墅，你是不是首先会想起一群专业的建筑工人在挖地基、垒砖、搭架子等如此这般的场景？

是的，这是我们中国的传统建造方法。大概耗时三个月，再加上装修，最快也要半年，或者是一年，住户才可能入住。

而在德国，有这样一家公司：可以在两天之内就建好别墅，让顾客拎包入住。你是否有兴趣呢？

在那里，有一个类似于宜家的超市，那里的商品既不是日用百货，也不是家具，而是整套房子。商家为客户提供了各式各样的房子样板间，大家可以自行选择，满意后下单。

接着，公司就会派人过去，为你建造房子。他们房子的整体构架几乎都是模块化的，好比积木一般，简单组装一下，就万事大吉了。历时大约五个钟头。你想要入住，仅仅需要安静地等待两天。

是不是很神奇？是不是第一次感觉到，建造一座房子居然像买菜一样易如反掌——去超市挑选款式、交定金、选择建筑位置、工人上门安装、五小时完成主体构架、两天装修完毕、入住。

接下来，是首轮表决，议题是：打算一辈子租房的我，到底正常不正常？结果是6：5。

美国的孟天觉得，在自己没有能力买房的时候，不必要给自己如此沉重的压力。与其那样，还不如存点钱，出去留学，看看外面的世界，那该多美好！

沙溢接过话头，如果年轻时，我们不愿意承受压力，挣了钱就出去旅游，把钱花掉了，那我们永远也不可能有积蓄，实现不了买房的梦想，老了呢？怎么办？继续租房吗？想象一下，等我们到了70多岁，还要拖着行李，去找中介公司吗？

加拿大的詹姆斯分析，从纯理性的角度来看，在加拿大，有一个非常奇怪的现象：在过去50年里，房地产的市场回报率真的非常低，平均每年仅有0.2%，你能想象吗？但是，如果在这期间，把钱投资到加拿大的股市，平均每年可以得到6%的回报率。换作是你，你会怎么做呢？

韩国的韩东秀是学经济的，对这个问题有一定的研究。他认为加拿大的情况比较特殊，因为它是一个发达国家，房价非常稳定；但中国的状况截然相反，中国处于飞速发展的阶段，所以房价差距是比较大的。

泰国的韩冰认为，应该把租房的钱拿来买房，这样相对来说，会更有保障一些。如果有一天，我们遇到了困难，例如破产，我们就可以把房子卖掉，以此来渡

过难关。但如果我们是租的房，那么就什么都没有了。

意大利的罗密欧倒觉得，搬家是件非常好玩的事。他说，他的父母结婚四十余年，从来没有住过属于自己的房子。每一次搬家，他都觉得特别有意思，一家人一起整理，小孩帮着包装，大人搬笨重的东西。在这个过程中，还可以把那些不需要的东西处理掉。重要的是，自己从来没有居无定所的感觉。他觉得房子提供给我们的，仅仅是一个空间，目的是养家，所以，在他看来，租的或者买的，并不是那么重要。

听了众人的话之后，英国的布莱尔开口，提醒在场的大家："我们似乎遗忘了问题的重点，那就是一辈子。难道你们真的一辈子都不准备买房吗？"

很多人都听说过，德国可以用 58 小时就建造一栋房子，但德国的吴雨翔却表示自己不会买房，而是去租房，在场的很多人都表示不理解。

吴雨翔说，他觉得买房子真的没有必要。他非常赞成周立波老师说的：房子是什么？是不动产。也就是说当你有事儿，它真的就在那儿一动不动，让你很惨！他个人觉得，租房子其实挺好、挺自由的，不必被买的房子绑架了。

文化贴士

世界各国买房的事

1. 美国最超前

众人皆知，美国的消费观念十分超前。按他们的收入水平来说，年均可购大约30平方米的房子；而按消费后的收入来算，年均可购大约10平方米。受提前消费的观念影响，一般在工作两到三年后，他们就可以在中部城市购买200平方米以上的别墅了。在中国，这样的别墅的价值早已超过1500万元，作为中国人，可能要工作百年以后，才有办法支付了。

2. 卢森堡最炫富

这个全世界收入最高的国家，常常把计算房价当作一种调侃。据说，卢森堡人的工资足够其在欧洲甚至全世界的每个国家各买一套别墅。当然，他们有限的国土面积也造就了全世界最高的房价。

3. 英国最昂贵

英国的房价走势和中国如出一辙，那里的房价一路飙高，仅仅10年内，房价就上升了5倍多。英国的智库机构预测，大约25年后，英国的平均房价将会从现在的24.4万英镑涨到78万英镑。这一数字是用复杂的公式计算出来的，通货膨胀已充分考虑在内。

4. 中国最艰难

从中国人的收入情况来说，年平均收入可以买4平方米房子；消费后，预计可以购买3平方米。换句话说，中国人勤勤恳恳地工作一年，所得的工资仅够买一个床的空间，抑或是一个小卫生间。

5. 印度最悲惨

印度的超高房价几乎秒杀伦敦，需要注意的一点是，那里的贫富差距很大，所以平均收入可能会受到人口或者最低工资的影响，从而出现一些偏差。例如，印度的医生的年薪大多在百万卢比左右。更让人意外的是，他们对去美国买房，表现得乐此不疲。

第二节

那些买房的事儿

这期节目中首先播报慢一步新闻的是沙溢，他说，近期一些中美学者做了一项关于结婚市场对经济作用的研究，提出了一个新的国际专业术语，叫“丈母娘刚需”。通俗地说，就是很多丈母娘要求男方在结婚前，必须要先买房，才可以结婚。并且有数据表明，丈母娘刚需已经拉动了中国 GDP 的 2%，不得不说，中国的丈母娘真是太厉害了！原来，一直是她们在支撑着中国经济的发展。

沙溢还透露，自己遇到了世界上最好的丈母娘。结婚前，想象中的丈母娘就是那样，但实际上，她没有要求自己买房，也从未提过任何要求。沙溢表示，自己是在婚后才和妻子胡可买了自己的小家的。

韩冰说，在泰国，如果结婚，男方一般都会搬到女方家里去住，类似于“上门女婿”，即使你心里不舒服，或者感觉没有面子，那也是没有办法的事。他有一个邻居，自己买了一间新房，以为可以安安静静地生活了，可最后的结果是，他妻子的父母全部都搬过来一起住。所以常常会在泰国的书里，看到女婿和丈母娘之间的矛盾。

韩东秀说，在韩国，去年有一个调查表明，有 84.7% 的新婚夫妇都要求结婚前必须有房。当然，一般来说，都是女方要求男方买。当他看到这个结果时，还觉得蛮奇怪的，自己挣的钱为什么要买房给女人。但是后来，他慢慢地理解了。因为他本身有一个姐姐，全家人都希望她能找到一个有房子的男人，那样的生活相对来说会更加稳定，姐姐也会少吃一些苦。

相信这样的想法应该是大多数人的心声吧。

说到这里，很多外国朋友，尤其是西方国家的朋友会无法理解。因为他们讲究男女平等，包括经济平等，也就是 AA 制，所以在他们看来，应该是男女双方共同买房，他们并不能理解丈母娘要求男方买房这个观点。

事实上，咱们中国的丈母娘要房的理由很简单，她只想知道，这个未来将会娶走自己心爱女儿的男人有没有能力将她的女儿照顾好，是否有足够养活一家人的经济实力，是否能够承担家庭的责任。

关于丈母娘和女婿的话题，在场的人中除了沙溢之外，最有发言权的就是来自澳大利亚的已婚男士安龙。他可是娶了一位中国太太，有了中国丈母娘。

安龙说，自己在澳大利亚结婚时，并没有买房子，但是中国的习俗是婚后大家都会想来参观一下房子。同时，他又觉得自己有能力买房，所以就买了一个，算是对老婆家人的一种尊重。不过，他提醒大家，澳大利亚的文化是两个人相爱，结婚、买房都是两个人的事儿。不管是一方出钱，或是选择共同承担，都没有问题。所以，并不存在丈母娘参与的问题。

泰国的韩冰首先提出了反对，他表示，结婚不是两个人的事儿，而是把两个家庭合在一起，这是我们亚洲的文化。

例如，在泰国，婚房的概念就是保护女性。虽然我们常常说男女平等，但事实上，根本无法平等，女性嫁人之后要生孩子，那怎么办？所以，丈母娘的要求实际是为了保护自己女儿的安全。而丈夫代表着力量，要能承担起家庭的责任，能给他的妻子、孩子提供稳定、舒适的生活。

对于亚洲这种文化、家庭与家庭之间的这种关系，很多西方人是无法理解的。在场的中国、韩国和泰国的朋友，都被“结婚是家庭与家庭之间的结合”这种概念深深影响，所以在很多时候，他们有相似之处。而对于一直倡导自由和平等的西方国家来说，是无论如何都没有办法理解这些的。这已经不是国家与国家之间的差异了，而是大洲与大洲之间的差异。

接下来，慢一步新闻的镜头转到了意大利。罗密欧说，关于买房，他有一个非常好的建议，那里的房子风景秀美，更重要的是，你买这个房子不用贷款，因为它的房价只有1欧元。

什么房子这么便宜？原来在他们那儿的一些小城市，人员流失非常严重，当地的政府非常害怕城市会变成空城，所以就把一些比较老的房子拿出来卖，而这些老房子的价格相当实惠。当然，想要以这样的低价格买走这些房子，也是有条件的，那就是你必须在限定的时间内，把房子装修好。

以前，有一个挪威人一下子买了三套这样的房子，经过装修，他将这三座房子变成了一个酒店，之后，他在挪威宣传他的酒店，吸引了很多挪威人到那里去旅行，不仅在这过程中赚了很多钱，也在一定程度上拉动了这座小城市的经济发展。

这可真是赚了个大便宜啊！

那么，在其他国家，想买一个地段佳、风景美的房子，困难吗？

让我们一起来看看其他国家各是如何的吧！

韩冰说，在泰国买房并不难。在曼谷最漂亮最贵的地方，1 平方米的价格大约是 3 万 ~ 4 万元人民币。如果不是那种绝佳位置，会便宜很多，可能是 1 万元，也可能是 5000 元。所以，在泰国，买房是件很容易的事。

对于詹姆斯的那栋湖边别墅，在场的众人都非常感兴趣，想知道他是怎么买到的。

詹姆斯说，在加拿大的湖边买一间小屋，是一件非常普遍的事儿，具体的大小就要看个人的经济实力了。他觉得在加拿大、美国都有这种现象，就是绅士化。

文化贴士

绅士化

绅士化的另一种说法叫中产阶层化，或者说是贵族化，它是社会发展过程中出现的一种现象。具体是指一个原本聚集低收入人群的旧区，在重建后，地价和租金提高了，引进了一些较高收入者，并经过一段时间的发展后，慢慢取代了原低收入居民。

实际上，绅士化是中世纪欧洲的一个发展阶段，绅士的社会地位仅次于贵族，类似于中国古代的绅士，主要指那些先天条件优越、成长环境较好、有较高社会地位的人。

1964 年，社会学家露丝·格拉斯（Ruth Glass）第一次提到了绅士化这个词，她是这样描述的：

“在伦敦，中产阶级一步一步地入侵了贫苦劳工的民居，当他们的房舍租期满后，原来破旧不堪的房屋摇身一变，成了高贵的大宅。绅士化一旦形成，就会义无反顾地走下去，直到那些贫苦民工全部搬走后，整个社区就会被彻底改变。”

对此，有人持正面观点。他们觉得，绅士化可以让物业价值上升，会让业主跟财务机构的贷款变得更为简单。而物业出租时，业主可以享受到更高的收益，租客则可以享受到更佳的居住环境。绅士化还可以吸引那些首次置业者，让他们前来投资。

也有人持反面观点。他们主要着眼于人际关系。他们觉得，虽然租金上升，但不能负担的低收入者不得不搬离本区，原有的社会群体和人际关系就会瓦解，之前的社会特色将会永远成为历史。

现在，年轻人大都选择在市内一些比较破旧的区域买房，第一个原因是那里的房子相对比较便宜；第二个原因是那些区域真的非常破旧，也非常落后，更谈不上安全，所以从社会责任的角度来说，他们想改善这些区域。他们希望能通过自己的行动，吸引更多的年轻人搬过来住，使那里一点一点地变得更好，小偷、乞丐也慢慢消失。

孟天说，在美国的曼哈顿岛也有很典型的绅士化例子，在旧金山也有这个现象。就是说一个人搬到一个地方后，不只是买房子、装修，他们还会开一些咖啡厅、小餐厅之类，提高那个地方的档次，吸引更多的人。慢慢地，人们会觉得，那个地方变了。

例如，美国有一个叫地狱厨房的地方，绅士化之后，现在已经贵得离谱了。现在人们开始往曼哈顿的哈莱姆区迁移，那是一个非常有名的穷人区，正开始绅士化。不好的方面是，在绅士化潮流的影响下，那些不算富有的人会不停地换地方，他们成长的环境也在随着时间的流逝，不停地改变。所以，任何事都有好处，也有弊端。

大部分伊朗人都觉得，这一辈子一定要有自己的房子，那意味着，在这个地球上，有了一块属于自己的地方，他们非常享受这种感觉。

普雅说，在伊朗，政府推出了很多优惠政策，来促成大家尽快买房子。例如，主持人在电视行业发展，国家就会打造一些小区，专门提供给在电视行业发展的人住，主持人去那边买房，就可以得到一些优惠政策，肯定是比其他小区实惠的。也就是说，在伊朗，是分行业来打造小区的，例如老师、工程师、警察等小区，只要你去相应的小区买房，就会很便宜。

澳大利亚的人则享有政府补贴。例如你第一次买房，如果是新建的小区，政府就会给你 7 万澳元，鼓励你去买那些新地方的房子。

在意大利是没有这些补贴政策的，不过他们有比较优惠的贷款政策。但是如果你是买第二套房，或者是第三套房，那交的税点就会更高，因为当你要买第二套房时，就表示你很有钱了。

事实上，这也是防止炒房的一个手段。

文化贴士

炒房

炒房这个新兴名词是伴随着房地产业的发展而衍生出来的，它是一种投资行为。由于国家政策的影响，房价不断攀升，有些人就会借机囤积一些好房源，然后再转手，从中获利。这种特殊投资行为，就是炒房。它是市场经济发展的产物，没法用任何一种法律来界定它。

当然，炒房的主要目的是获利。因此，从获利的方式来看，可以分为：

1. 团体购房。采取团体谈判的方式，以团体价购入，以零售价卖出，从中赚取差额。这有点类似于批发和零售。

2. 通过媒体炒作。炒房者会散布、传播一些不实消息，造成一种房价上涨或者是供不应求的假象，来影响房市价格，然后再通过交易，获取利润。

3. 虚假交易。这一项包括两个方面：一是开发商的惜售行为；另一个是炒房团的相对委托行为。

说到这儿，不得不提德国富豪克劳斯 · 查普夫，他家财万贯，生活却比普通民众更简朴，他租住小公寓，绝不买房。每个月，除了固定的房租外，他只需要 300 欧元作为生活费用。

他不买房的理由是：买房只会拉高房价，让普通劳工更负担不起。

第三节

世界各国搬家奇闻

世界这么大，真的是无奇不有。那么在搬家过程中，各国又有哪些特别的风俗习惯呢？不同的国家对待搬家这件事，是一样，还是截然不同呢？

来自英国的布莱尔给大家介绍的新闻是，近期一个拍卖行收到了“一件”非常奇特的拍品——上万只青蛙。

这是英国一个 60 多岁的女人，花了 26 年的时间收藏的艺术品，现在她因为要搬家，不得不把它们全都卖了。这是一个关于搬家的奇闻，一下子又回到了问题的源头：有一所自己的房子是多么重要。

普雅说，在伊朗，搬家一定会宰一头羊，然后把它的肉分成很多小块，分给周围的邻居吃。不但如此，他们搬家时，必定会带两样东西，一个是《古兰经》，另一个是镜子。镜子的意思就是光、亮、干净，寓意着你的房子没有什么污染，没有什么坏东西。

犹太人的一些习俗与此有些类似，他们搬到一个新家时，大家会送他们糖或者盐。糖的意思，就是希望他们的生活过得更加甜蜜；盐则是祝福他们的生活过得更加有滋有味。

在俄罗斯，搬家时会需要一只猫。俄罗斯人都觉得，猫是最懂得享受、对舒适最敏感的。所以他们搬家时，首先会把猫放到房间里去，看它会选择待在哪儿，然后就会把床安在哪里。不过，如果猫选择的位置不合逻辑，也就作罢，并不会特别计较。

在日本，搬家礼仪最多。搬家公司会提前帮客户打包需要的东西，打包过程是非常讲究的。例如，要先在地板上铺一层棉布之类的，另外在整个过程中，还要不停地点头、问好等等，所以，日本的搬家公司有女性员工。

韩国可是最会偷懒的国家，特别是对于高层客户，搬家公司真有妙计。他们会请消防车过来，利用消防云梯，如此一来，便可以把家具家电等物品安全地从高层运送下来。

英国的搬家工作是全世界最轻松的。在大家都认为搬家是个累活时，英国人却不屑一顾，他们觉得，搬家是一个千金难求的好职业。英国搬家按时间计费，一般来说，在一个小时里，他们会抽出三分之一的时间来休闲，例如听听音乐、喝喝咖啡。如此这般，难道还不算白领待遇吗?

就搬家来说，中国是讲究最多的国家。首先，要备齐柴、米、油、盐、酱、醋、茶、扫帚等；并且随着生活水平的慢慢提高，人们会先选择黄道吉日，然后才搬新家；不但如此，一般来说，只有主人先进了门，其他人才能进屋，而且要在吉时点火煮东西吃，最后才可以慢条斯理地搬家具。

世界青年“说”世界

在中国，一些不得不知的搬家习俗

1. 搬家前，先跟邻居打好招呼，说一些祝福的话语，并告诉他们具体的搬家时间，如有打扰，敬请谅解。

2. 搬家要考虑孝心，所以最先搬的是老人房间。

3. 在旧家留下一些东西，例如沙发、床之类的，表示有人气。如果搬得空空的，会显得比较冷清。

4. 搬家要先选个吉日，尽量不与属相相冲。另外，还要避免冲克到家庭成员的生肖日。搬家时间一般选在上午。因为上午叫阳，下午叫阴，阳的时间搬家较好。如果搬家的具体时辰能结合卦相，那就更完美了。

5. 搬家车队进入新家的路线，一般从东边进入，寓意着紫气东来，象征吉利。

6. 搬入新家前，要放鞭炮，象征新的开始。另外，新家一般都会先贴上对联。

7. 搬家时，尽量亲自到场，不要假手于人。

8. 搬家当天，心情要保持好，夫妻不要争吵，也不要和搬家公司产生矛盾，寓意和气生财。

9. 搬家当天，屋里的所有垃圾都要放在屋内，第二天再倒出去。

10. 搬完家后，一般要请客吃饭，俗称闹房。动静越大，寓意越好，但不要扰民。

11. 搬家当天，尽量打开新家的水管和炉灶，如此比较接地气。

第四节

关于室友的趣事儿

看过我们节目的人都会知道，TK11 在中国大部分都是租房住的。那么在租房过程中，发生了什么有趣的事儿呢？

加拿大的詹姆斯说，他真的不喜欢室友，但如果对方是大美女，则另当别论。但天意弄人，上帝安排给他的室友居然是三个哈萨克斯坦人，他们非常热爱喝酒，几乎每天晚上都喝得醉醺醺的，到了那种“断片儿”的程度。

詹姆斯租住的房子客厅，有一个凹下去的部分，大概半米深，有点像游泳池。一次，他过生日，那三个室友居然买了一大桶啤酒，倒进了“游泳池”，做了一个“啤酒游泳池”。等他回到家，映入他眼帘的是三个赤身裸体的男人，站在“啤酒游泳池”里，欢迎他回家。不但如此，他们还邀请他一起跳进去，这让他尴尬不已。

不过，就在当晚，有七个俄罗斯男人找上门来，和他们在家里大打出手。大概折腾了半个小时后，他们都被警察带走了。之后，他们就都被遣送回国，五年内不能再来。

因此，接下来的半年他都是一个人住，觉得很安静、很幸福。

俄罗斯的大卫说自己在住宿舍时，有一个来自非洲的室友，他特别喜欢踢足球，重要的是他每次穿的袜子都是同一双。等他踢完球回来，就把袜子挂在窗户上通风。就这样过了大概三个月，宿舍里真的是一只蚊子也没有了。

说到这种奇葩的室友，泰国人韩冰表示，他也有相似的经历，想和大家一起分享。出人意料的是，他就是那个奇葩室友。他说他刚到南京师范大学上学时，遇到一个韩国室友，他们俩脾气、性格都非常好，唯一的区别在于喜欢的温度不同。韩冰一回到宿舍，就会把温度调到35℃，需要强调的是，这是夏天。韩国室友不乐意了，一次，他把温度调到了15℃，这对于韩冰来说，实在是太冷了。所以，尽管他们人都很好，最后还是不得不分道扬镳了。

后来，他又遇到一个很好的室友，这一回，他们终于合拍了，可以在夏天把空调开到35℃，因为他的室友来自非洲。

对于在外留学的人来说，一间宿舍里的人可能来自不同国家，有着不同的家庭成长环境、不同的文化素养。对于大学生活，每个人可能各有不同的认识和看法。

下面是英国《独立报》总结的 13 类室友和与之交际的方法，大家可以对号入座，也可先了解一番，以便在未来能够更好地处理同学之间的关系。

1．你的室友具有洁癖症：他可能非常爱干净，常常因为宿舍里的小量灰尘感到烦恼或痛苦。这时，应该多称赞他爱干净的好习惯，尽量少做一些比较邋遢的事儿。

2．你的室友属于神出鬼没型：从来没有人知道他去了哪里！可能他在逛街，也有可能他在某个安静角落看书，更有可能在参加某个社团的活动。对于这种人，不要远离，也不要逃避，友善地招呼，以示友好。

3．你的室友是偷拍狂：他总是喜欢偷拍自己身边的人，发现一些小秘密，用来恶作剧，抑或是博关注度，让自己成为网络红人。如果遇到这种情况，自己一定要多加留意，不要被他拍到什么，以免引起不必要的麻烦。

4．你的室友是网络写手：在他们的世界里，生活中所有的事儿都可能成为他们笔下的文章，所以如果有一天，他把你的生活作为写作素材，请不要太计较。否则，心累的是自己。

5．你的室友是学霸：有些人一进入学校，就表现出了超强的学习能力。对于老师布置的学习任务，他们总是超额完成。对于他们，坦然当作生命的过客，不要去比较。

6．你的室友很邋遢：必须承认，有些人的生活过得就像一个垃圾堆，那怎么办？只能管好自己，适当地劝劝他们。

7．你的室友是伸手党：总是借东西，却从来不记得还。像这种人，他们的任何请求，都可以尝试着委婉拒绝。

8．你的室友是“交际花”：这类社交达人一般都拥有较广的人脉。可以选择加入，但一定要量力而行。

9．你的室友是心机 boy or girl：不得不说，这种人都很精明，他们一般只做对自己有利的事儿。遇到与众不同的他们，要试着接受，并适当保持距离。

10．你的室友是“冷血动物”：这类人不喜交际，常常喜欢一个人待着或者出行，他们做任何事都形单影只。如果可以包容，这类人还是比较好相处的。

11．你的室友是烹饪达人：在大学里，遇到会做美食的室友，一定要好好珍惜。

12．你的室友有拖延症：有很多人都喜欢在最后一刻完成任务，如果他们在“挑灯夜战”，请默默地为他们递上一杯水，或者是一些吃的。

13．你的室友有严重的拖延症：这类人几乎可以说是得了“不治之症”，他们经常参加很多活动，但都不能善终，也就是做事三分钟热度。偶遇他们，可以大发善心给予帮助，但请记得，先把自己的事儿做完。

第十一章

年过三十，家庭与梦想的抉择

播出日期：2015 年 7 月 9 日

古人云："三十而立。"这句话出自《论语·为政》，这句话中的"立"并不是指成家立业、有所建树，而是指这个年龄的人应该对社会、对人生有自己的理解。

古代人结婚都很早，30 岁早已过了结婚的年龄。即使在今天，30 岁还没结婚的女青年也被称为"大龄剩女"。对于一个普通人来说，30 岁应该有了自己的家庭、自己的孩子。30 岁之前，我们会做很多梦，梦想环游世界，梦想做明星，梦想拍电影。但现实会风干我们的这些梦想，让我们的变得越来越实际。没有钱，怎么去环游世界？没有颜值，怎么去做明星？更重要的是，有妻有子，怎么能舍弃他们而只顾自己的梦想？

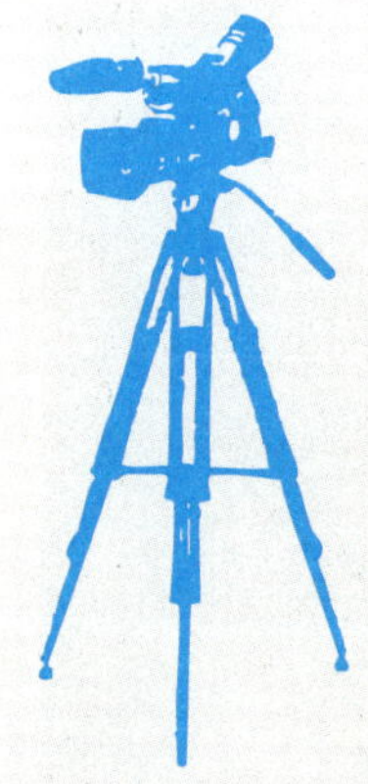

但假如你还可以选择，你觉得年过三十，是平平淡淡地过完这辈子，还是为了自己的梦想再努力拼搏一次？

本期嘉宾提案：

30 岁的我想要舍弃稳定生活去追求梦想，你们赞同吗？

第一节
家庭和梦想的抉择

人一旦有了家庭，做事情就会有很多顾虑，因为这时的你不再仅仅是为你自己而活，而是为了整个家庭而活。家庭带给我们的不只是温暖和关爱，更多的是一份责任。

有家庭的人往往会很“羡慕”单身的朋友，看人家多好，“一人吃好，全家温饱”。有时家庭真的像一个“拖油瓶”，让我们“心力交瘁”，离年轻时的梦想越来越远。但如果这时我们还是对自己的梦想“充满渴望”，那么我们应该放下“家庭”这个“拖油瓶”而去大胆地追求自己的梦想吗？

泰国的韩冰认为，无论我们是 20 岁，还是 30 岁，抑或是 80 岁，都可以去追求自己的梦想，梦想和年龄没有必然的关系，但我们在追求梦想的同时，也要考虑到追求梦想的“成本”和“后果”。

要想到，自己是父母的儿子、妻子的丈夫、儿子的爸爸，这些人都需要自己的照顾和关爱，追求梦想的同时也要承担一定的责任，否则，追求梦想就是非常自私的行为。

加拿大的詹姆斯“一语中的”，点出照顾好家庭本身也是“梦想”的一个组成部分。换句话说，你拼命去追求梦想是为了什么？

为了让自己有更多的钱，能够让家人过上更富裕的生活。当自己成为一个“英雄”，家人会以自己为骄傲。反过来，自己所做的这一切，也都是为了让自己的家庭过得更美满、更幸福。无论自己有多么冠冕堂皇的理由，都不应该放弃自己的家庭，而去追求那远不可及的梦想。

来自俄罗斯的大卫也认为，完整的家庭对小孩的童年至关重要。如果只为了追求自己的梦想，而没有给自己的孩子完整美好的童年，这对小孩的成长是不可弥补的损失。

美国的孟天却认为，给孩子一个美好的童年，不是天天陪着他玩耍、做作业，而是要大胆地去追求自己的梦想，让自己的孩子看到他的爸爸是一个有志气、有梦想的人。自己这样做，也在无形之中为自己的孩子树立了良好的榜样，为年少的孩子种下一颗梦想的种子，影响着他的人生观和世界观，为他以后走向社会做良好的铺垫。

哥斯达黎加的穆雷则认为，一个人的梦想就是整个家庭的梦想。当你去追求自己的梦想时，有你的家人在背后为你默默地加油喝彩，你就觉得浑身充满力量，更加执着和坦然地去追求自己的梦想。所以，家庭不是你追求梦想的“绊脚石”，而是你向前航行的“助推器”。

的确是这样，著名导演李安在未出名时，默默地在家里当了 6 年的“家庭主夫”。他一直“躲”在妻子的背后，靠妻子的收入来养活自己，当他站在辉煌的领奖台上时，台下的妻子激动地流下了眼泪。这份荣誉不仅仅属于李安，更有他妻子的一份功劳，李安是整个家庭的“英雄”和“骄傲”。

世界青年“说”世界

李安的落魄时光

1954 年，李安生于台湾屏东县，2 岁时举家迁往花莲，10 岁时定居台南。1976 年，毕业于国立艺专，同年入伍服兵役。1981 年，进入纽约大学电影制作研究所（蒂施艺术学院）。

1984 年，李安以《分界线》作为其毕业作品，从纽约大学毕业。该片曾获纽约大学生电影节金奖作品奖及最佳导演奖。

但从此之后，李安却一直没有找到一份与电影有关的工作，而自己又不愿意放弃自己所热爱的电影行业，不得志的李安不得不在家里待着。这时的李安已经有了自己的家庭和孩子，或许在我们看来，李安应该放弃自己的“电影梦”，先去找一份工作谋生。但李安的妻子林惠嘉十分支持李安从事电影事业，靠着自己微薄的薪水承担起了家庭所有的开销。

一个男人要靠一个女人来养活自己，李安感到十分的惭愧，但妻子的支持与鼓励给了李安极大的信心。李安不但在家里勤学苦读，还做起了许多男人不愿干的工作——“家庭主夫”。李安在家里买菜、做饭、带孩子，将家里收拾得干干净净。

后来，李安也渐渐地开始帮人家拍拍小片子、看看器材、做点剪辑和写剧本的工作，总算是和自己喜欢的电影事业挂上了钩。李安发现好莱坞电影的剧本结构和制作方式都很好，想把这些结构和方式推广到中国，让中国的电影走向全世界，生产中国的大片。

现在，李安仍然十分感谢自己的妻子，因为李安整整在家里待了 6 年，在这些艰苦的日子里，妻子始终默默地支持着他。李安曾开玩笑说：“我如果有日本丈夫的气节的话，早该切腹自杀了。”

韩国的韩东秀说，其实他差一点就无法继续来参加这个节目了。因为在这之前，韩国有一家 L 开头的大型企业为他提供了一份待遇优厚的工作，但这家公司同时规定，他不可以到外面做兼职，那么他肯定成不了 TK11 中的一员。

文化贴士

韩国 L 和 S 开头的大型企业

L 开头的企业指的是“LG 集团”。韩国 LG 集团于 1947 年成立于韩国首尔，位于首尔市永登浦区汝矣岛洞 20 号，是领导世界产业发展的国际性企业集团。LG 集团目前在 171 个国家与地区建立了 300 多家海外办事机构。事业领域覆盖化学能源、电子电器、通讯与服务等领域。

S 开头的企业指的是“Samsung Electronics（三星电子）”。三星电子是韩国最大的电子工业企业，也是三星集团旗下最大的子公司。1938 年 3 月它成立于韩国大邱。在世界上最有名的 100 个商标的列表中，三星电子是唯一的一个韩国商标，是韩国民族工业的象征。

德国的吴雨翔对韩东秀的未来表达了他的担忧，他觉得上综艺节目做艺人毕竟有风险，有可能会红，也有可能不会红，总之不太稳定；而去企业工作就不同，在那里，自己最起码会有一份稳定的收入，不用承担风险。

第二节
“年轻”的解释和内涵

30 多岁，要不要去追梦？我们纠结的是，30 岁，我们已不再年轻，而追梦是年轻人的“特权”。

主持人何炅说，在五四青年节，他曾在自己的朋友圈转发过一条联合国对“青年”的定义：50 岁以下的人都可以称为青年。

澳大利亚的安龙也表示，在他们国家有一种类似的说法：“Life starts at fifty.”人生真正的精彩从 50 岁开始。

主持人说，他认识一位著名画家黄永玉，现在已是耄耋之年，却没有一点老年人的迹象。这位老先生对任何事情都充满了好奇之心，天真得像一个孩子，是个不折不扣的“老顽童”。所以，年龄不是关键，心态才是关键。人应该有一个心理年龄，这个年龄不受生理的制约，如果你愿意，可以一直活在 20 岁。

文化贴士

黄永玉

黄永玉，笔名黄杏槟、黄牛、牛夫子。1924 年 7 月 9 日出生于湖南省常德县（今常德市鼎城区），祖籍为湖南省的凤凰县城。土家族人。

黄永玉小时候由于家境贫苦，在 12 岁就早早地辍学，外出打工。打工期间，他去过很多地方，做过许多工作，先是在安徽、福建山区的小瓷作坊做童工，后来辗转到上海、台湾和香港。

14 岁开始卖画，主要是版画。

16 岁开始以绘画及木刻谋生。

从瓷场小工到小学教员，再到中学教员和家众教育馆员、剧团见习美术队员、报社编辑，后来又成为电影编剧及中央美术学院教授、中国美协副主席。

黄永玉自学美术、文学，为一代“鬼才”。他设计的猴票和酒鬼酒包装家喻户晓，著有《永玉六记》《醉八仙》《吴世茫论坛》《老婆呀，不要哭》《这些忧郁的碎屑》《沿着塞纳河到翡冷翠》《太阳下的风景》《无愁河的浪荡汉子》等书，画过《阿诗玛》、生肖邮票《猴》和毛主席纪念堂山水画等。他在澳大利亚、德国、意大利和中国内地及香港都举办开过画展，其美术成就曾获意大利总司令奖，在海内外享誉甚高。

来自伊朗的普雅认为，人生应该分两个阶段，40 岁之前是一个阶段，40 岁之后是一个阶段。在 40 岁之前可以活得“很任性”，大胆地去追求自己的梦想，失败之后还可以考虑转行或继续努力；但 40 岁之后就到了“退休”的年龄，这时如果追梦失败，那就是真的失败。何炅听到这句话，“愤然”离席，因为何炅已经过了 40 岁，正式进入了普雅所说的“失败”阶段。

但很显然，何炅的人生是成功的，他不但是中国最著名的娱乐节目主持人之一，也曾担任北京外国语大学的阿拉伯语讲师。他从小聪明过人，高中未曾参加高考，就被保送进入大学。总之，和普通人相比，他是非常成功的。

第三节

“扒扒”各国的大龄青年

在欧洲各国中，德国的出生率最低，一直是“人口负增长”，照这样下去，以后德国的青少年将会越来越少，国家养老的压力也会空前巨大。在德国，有很多人都不愿结婚，超过 30 岁的未婚女性特别多。由于结婚的人比较少，婚介生意远没有中国这么火爆。

女人不一定非要在 30 之前就结婚，但 30 岁之前对女人来说，是生育的绝佳年龄，这是人类发展的一个规律。

在伊朗，女人的 30 岁通常被称为“泡菜年龄”，因为泡菜一般都会泡很长时间，也没有新鲜蔬菜看起来那么有光泽。用“泡菜”来比喻大龄女青年，的确有一点酸酸的“幽默”感。

在哥斯达黎加就不同，如果女人 30 多岁了还没结婚，往往会被认为比较独立，不用依靠男人，有自己的事业。这类女人通常都是高学历者，有着令人羡慕的工作和收入。这类女人通常对结婚对象要求很高，不是为了结婚而去结婚。这类女人非常有魅力，在哥斯达黎加是非常受欢迎的。

中国的大龄女青年也非常多。每到过年回家时很多大龄男女青年就会感到头疼。因为一回家，父母就会问有没有女朋友、有没有男朋友，如果没有，就“逼迫”你去相亲。

中国是个很传统的国家，孟子曾说过“不孝有三，无后为大”、这句话影响了中国几千年。在中国人的传统观念里，子女的婚事对父母来说是一项“任务”，如果你没结婚，就相当于父母没有完成“任务”，是一件让父母和家庭丢人的事情。

尽管现在有些父母的观念在逐渐改变，但过了 30 岁还不结婚，依然会让他们觉得很没面子。中国的父母会拿孩子和别人比，经常说：“看某某人比你小，今年都结婚了。”或者说：“看某某人比你小，今年小孩都 3 岁了。”在这种环境下成长的我们，如果 30 岁还没结婚，就会感到“压力山大”。

泰国和哥斯达黎加对大龄剩女的态度几乎一样，大龄剩女在他们那里是很受欢迎和尊敬的。只不过，在泰国，女生 30 ~ 35 岁，甚至再大一些，会被认为更成熟、更性感、更受男人的喜欢。

在韩国，30 岁左右的青年会出现一个很奇怪的现象，他们虽然已经成家立业、工作稳定，却突然又出现青春期的叛逆行为。

例如，心里烦躁，脾气不好，为一点小事而乱发火。有一个调查表明，10 个人中大约有 9 个人会出现这种情况或正在经历这种情况。这个现象现在已经成为一个社会问题。在韩国，这个现象被称作“思秋期”，指晚来的青春期。

何炅说，他以前看偶像剧，看到一个和“思秋期”相反的现象，叫“初老症”。“思秋期”主要是指，过了青春期的大龄青年突然又有了青春期的性格。而“初老症”则是指，本来年纪轻轻的人却突然像个老人一样，开始关注养生，拒绝做有挑战性的事情，并多了许多不必要的担心。年纪轻轻，就开始有了类似老人的心态和症状。

哥斯达黎加的穆雷表示，“初老症”其实就是我们所说的中年危机。处在这个年龄段的人，上面有来自照顾父母的压力，下面有抚养小孩的压力。这段时期也会发生许多重大的变故，例如父母的离世，这会让我们重新审视我们的生命，意识到生命并非永恒，亲人终有一天会离开我们。

对何炅有一定了解的人都会知道，他在主持方面非常成功，而且他还有一首流传了很多年的青春歌曲《栀子花开》，2015 年，由他执导的同名电影上映了。不论电影本身如何，单就挑战导演这个角色来说，就确实是一项突破。

至少对他自身来说，这么做是成功的。因为在此之前，他从没有想过，自己竟然会在 40 岁的时候，亲自去拍一部电影。这也算是他年少时的一个梦想，如今，他实现了这个梦想，无论最后的结果如何，他都成功地迈出了第一步，成功地实现了梦想。

他说，著名主持人汪涵曾说过一段令他终身难忘的话：“很快就要到了告别的时候，当我告别这个世界，我希望我不是只以一个优秀主持人的身份离开，我还在想为这个社会，为这个世界留下些什么。”

回首往事，和这个世界说再见的时候，我们或许想要留下更多自己存在的痕迹。他表示，拍电影一直以来都是他的梦想，但由于种种原因，他始终没能如愿以偿。他觉得自己的年龄或许太大了，但今年，他在好友的鼓励下，勇敢地走出了这一步。他想用自己拍电影这件事来告诉更多的大龄青年，梦想与年龄无关，无论在什么年龄，都可以去实现自己的梦想，有些事情，早一点去想，早一点去做，或许会更好。

在英国有一个金融行业的精英，有一天，他突然辞职，选择去做一名“僵尸”演员。他原来所在的金融公司，收入非常不错，并且稳定，但他一直希望自己能够成为一名“僵尸”演员，所以不顾众人的反对，毅然决然地扔掉自己的“铁饭碗”，选择去做一名收入不太稳定的演员。

韩东秀介绍道，曾经有一个在三星电子供职的员工，觉得自己的工作与自己的梦

想相去太远，于是选择了辞职，转行做了一名“搞笑艺人”，现在他在韩国已是家喻户晓的人物。所以说，虽然转行有一定的风险，但并不代表一定会失败。跨界转行，一样可以创造精彩。

穆雷说，他和哥哥从小就有一个梦想——去欧洲旅游。今年有一天，他的哥哥突然辞去了自己的工作，去欧洲开开心心地旅游，而他却仍然没有实现这个梦想，所以，他很佩服哥哥的选择。

其实很多时候，我们并不确定自己的梦想是什么，不确定自己是否在盲目地追求梦想。而我们一旦确定自己内心的真正追求，会觉得追逐梦想是一件很快乐的事情。

何炅说，在中国，有一个很普通的年轻人，平时就是按部就班地工作，休息时就打打游戏，他身边的许多年轻人也都是这样一天天地度日。但他在 36 岁时，忽然发现自己还有许多人生梦想没有完成。于是他脑洞大开，把 100 个希望完成的人生梦想全部写在一张纸上，并规定自己在以后的日子里一个一个地去实现这些梦想。有些梦想比较简单，例如学画画、学英语；但有些梦想却非常难，例如开飞机、潜水、高空跳伞、徒步沙漠。

这个人不过是个普通的打工仔，每月的工资不过几千元，但 3 年过去，他的 100 个人生梦想居然已完成了三分之一，他从啤酒肚练出了腹肌，和大鲨鱼一起潜水，甚至他还花了 20 天的时间，在美国拿到了牛气冲天的跳伞执照，而他的下一个目标，是遨游太空。

人生真的在于选择，你的选择将决定你的一生，所以趁自己还年轻，不妨早早地做选择。

第四节
各国青年的人生梦想与感悟

泰国的韩冰的人生梦想非常的传统和朴素，他希望自己博士毕业之后回国当教师，希望凭自己的努力，好好照顾母亲和姨妈，让家人过上好日子就是他最大的人生梦想。

哥斯达黎加的穆雷的梦想非常简洁明了，他只希望自己的孩子能进入世界上最好的学校，得到最好的教育。

澳大利亚的安龙说他的个人梦想其实都已经实现了，他现在希望能和自己的家庭去实现一些梦想。

英国的布莱尔说他希望能开一家属于自己的顾问公司，他现在给别人打工是在学习经验，为以后自己开公司做准备。20 岁和 30 岁是学习的黄金年龄，这个年龄段学到的东西会在自己以后的人生里派上大用场。未来，你可以用这些知识去创业，所以应该趁年轻努力多学习一些东西，为自己以后的人生梦想打下坚实的基础。马云曾说过："梦想一定要有，万一实现了呢？"我们要时刻想着自己的梦想，并为之努力奋斗。

但在生活中，有很多人会向现实“投降”或“妥协”，不敢大胆地去追求自己的梦想。因为在追梦的过程中，难免会受到一些挫折，走一些弯路。但有时候，走些弯路并不是什么坏事，也许正是这些弯路让自己在以后获得巨大的成功，正如我们中国的那句古语“塞翁失马，焉知非福”。

梦想一定要有，但空口许诺者也大有人在，这也是为什么立大志的人非常多，成

功的却没几个。要想实现梦想，我们需要付出艰苦的努力。

俄罗斯的大卫说他小时候玩的玩具上面有中国的文字，所以那时他的梦想是来中国上学，学好中国文字，而现在他的这个梦想已经实现了。

加拿大的詹姆斯说他有一个好朋友，因为他的老婆生出三胞胎，他担心抚养孩子会阻碍他实现自己的梦想。但是自从有了三个漂亮的孩子之后，他发现自己的梦想有所转变，他漂亮的妻子、漂亮的三胞胎就是他最大的梦想。

美国的孟天说，他高中时的梦想是去百老汇看一场音乐剧，看过之后，觉得这种艺术非常的神奇。他现在来到中国，也希望传播这种艺术，让更多的中国人关注音乐剧。

第五节
各国青年关于梦想的演讲

寻找自己的梦想

演讲人：詹姆斯

大家好，我是来自加拿大的詹姆斯，今天我要说说怎样寻找自己的“梦想”。

关于梦想，应该让当事人自己去选择，而不是把自己的梦想或希望转嫁到别人身上。尤其是为人父母，在孩子青少年时期，更应该让自己的孩子去尝试他们喜欢做的事情。也许你觉得他们这是不务正业，不听取前辈的经验，迟早会后悔。但我相信，您听了我下面这个故事，就不会再有这样的想法了。多给孩子一些空间吧，要相信他们每个人其实都是天才的“梦想家”。

在加拿大安大略省，曾经有一个智商很高的小男孩。这个男孩的学习成绩特别好，一直都是父母的骄傲，高中毕业后很顺利地考取了当地一所著名大学。但在这个男孩快毕业的时候，一度为他骄傲的父母却犯愁了，因为这个男孩除了会学习之外，不会做任何事情。他不知道不再上学之后，还能去做什么，不知道自己的梦想是什么，对未来没有任何规划。

他的父母建议他应该去找一份工作，做个普通的上班族。他听从父母的话，去做了两年会计，但两年后他发现自己并不喜欢这份工作，于是转行做了木匠。又过了两年，他发现木匠的工作也很没意思，于是又转行做卡车司机，一做就是八年，八年后他又要换工作。

他的父母觉得他的人生太失败了，没有一个人生理想，不知道自己想要去做什么，除了迷茫还是迷茫。但当他在偶然的一天，去电影院看了《星球大战》之后，他终于找到了自己内心中真正喜欢做的事情，那就是“拍科幻电影”。之后，他不顾父母的反对，大胆地去追求自己的梦想，最终在电影的道路上越走越远，拍出了《终结者》《异

形2》《泰坦尼克号》《阿凡达》等经典电影，这个人就是詹姆斯·卡梅隆。

所以说，没有梦想并不可怕，可怕的是停下追寻梦想的脚步。在孩子的成长过程中，父母也不用给孩子定制人生梦想，因为梦想需要靠他们自己去寻找。对自己的孩子多一点耐心，也许他就是下一个天才。

现实是最好的梦想

演讲人：罗密欧

大家好！我是来自意大利的罗密欧。

我觉得梦想最重要的是要和现实结合起来，现实其实就是最好的梦想。

我在南京时，曾遇到过一个出租车司机，司机说他很佩服我们这些外国人，从那么远的地方跑到中国追梦。他说得很对，我们跋山涉水、漂洋过海地来到中国，正是为了实现我们自己的梦想，希望在中国有一个更好的发展。

梦想，当司机说到这个词时，我的心突然卡了一下，我不知道自己现在算不算梦

想成真。

但我却对这个司机产生了浓厚的兴趣。我觉得大千世界中，一个出租车司机是再普通不过的人了，满大街不知道有多少像他这样的出租车司机。我很好奇，想知道像他这样的出租车司机是否也有梦想。

问起他的梦想，这个出租车司机似乎很乐意和我这个外国人聊一聊。司机淡淡地对我说，他在很年轻的时候，心中就一直藏着一个梦想，就是环游世界。

我又问司机，既然有自己的梦想，那为什么不去实现它？我当时觉得，这个司机一定是因为没有足够多的钱，因为环游世界毕竟需要很多钱。我觉得这个司机好可怜，如果我没猜错的话，接下来他就是向我抱怨他是如何地不得志，如何地受到家人的阻挠以及别人的嘲笑。

但以上我所猜测的一切都没有出现，相反这个偷偷地乐了起来。我当时很不理解，没有实现梦想本身就是一件很痛苦的事情，况且这件遗憾的事情还被一个老外知道。

司机很开心地对我说他现在是一个爸爸，每天照顾孩子和妻子是他现在最快乐的事情，无论多么美好的梦想，到头来不都是寻找快乐和满足吗？他说，他现在就觉得很满足和幸福。

我恍然大悟，这个司机其实已经实现了自己的梦想，梦想其实一直就在他或者我们的眼前。

如果我们把人生比喻成一条绳子，一头是梦想，一头是现实，那么让我们最快乐的生活方式就是把这条绳子折叠起来，把梦想和现实吻合在一起。真正的梦想不正是这样吗？

梦想之后的梦想

演讲人：何炅

关于梦想，很多人往往关注怎样去寻找梦想和怎样去实现梦想，但很少有人关注，实现了梦想之后，我们还能做什么？

这似乎是个很奇怪的问题，甚至有很多人自己都不相信，梦想怎么可能被实现，也便不会有人去思考，梦想实现之后，还要去做什么？

很多年前，我有一个朋友是迈克尔·杰克逊的歌迷。他曾不止一次地告诉我，他这一生中最大的梦想，就是看一场迈克·杰克逊的演唱会。这的确可以算是一个了不起的梦想，因为在当年，想要看一场迈克·杰克逊的演出，几乎是不可能的。但有一年，迈克·杰克逊去了韩国，这可是个好机会，于是我这个朋友想尽了各种办法，使用了各种手段，终于弄到一张演唱会门票。

但当他听完迈克·杰克逊的演唱会之后，竟然在回来的路上放声大哭。他告诉我他不是因为太兴奋而哭，相反他觉得自己好可怜，这么多年压在心底的梦想就这么实现了，他觉得这很不真实，完全没有了以前的企盼和快乐，他不知道自己还可以做什么，也找不到自己存在的意义，找不到自己的方向，他放声大哭，其实是对自己人生的一种悲悯。

所以我觉得我们要有许多梦想，既要有眼前的“小梦想”，也要有长远的“大梦想”，而这些梦想不一定都可以完成，至少它们会像前方道路上的一盏灯，提示着我们前方还有路要走。

主持人彭宇最后总结说，10 年前他和何炅一起制作《栀子花开》的 MV，根本

就没想到《栀子花开》会成为传唱的经典；而 10 年之后，没想到，他们居然又一起把《栀子花开》变成一部电影。他说这其实一直是他们的梦想，他十分珍惜这段追求梦想的时光，也希望 10 年、20 年之后，他们仍然有自己的梦想，也在不断地实现自己的梦想。梦想也许不会实现，但至少可以离它更近，只要你愿意，这个世界上，没有人可以阻止你去实现梦想。